女性のための
キャリアデザイン

― 学びあい、ともにつくる社会の構築に向けて ―

田口 久美子 監修

奈良玲子／福原 充 編

沼田 あや子／横山美和／
ガルサンジグメド エンフゾル／佐野敦子 共著

ムイスリ出版

はじめに

　人生90年時代と言われるようになった。一度限りの人生であるから、寿命が延びることは、とても喜ばしいものであろう。ただ、人生とは楽しいことばかりではない。山あり谷ありの人生、いかにして自分のいろどりや個性を添えられるのか、自分ならではの人生を生きられるのか、このことは、寿命が長くなってきたからこそ、わたしたちが背負う課題でもある。

　自らのキャリアデザインの設計は、自己の要望や希望を優先することが好ましい。一方で、人間は家族をはじめとしてさまざまなコミュニティを形成しながら生活する生き物である。とりわけ女性は、社会が女性に求める生き方、典型的には「子どもは女性が育てるもの」というような、つくられた社会規範（いわゆるジェンダー）の影響を強く受けている。

　こうしたキャリアに立ちはだかる壁を自覚し、その壁はどこから生じるのかを学習し、自らの生き方を自立的に考えること、さらに、キャリア形成にたちはだかる壁を打ち崩し、自らの人生を切りひらくための方法を習得することは、本格的な社会参加を目前に控える女子大学生が自分の人生を豊かに生きるうえで必要不可欠な学びである。大学でともに学ぶ仲間と、自己の経験や新たな知識を共有し、人生について多様な在り方を語り合うこともまた、大学ならではの学びである。

　女性が自らの自由な意思で人生を選択し、楽しむ豊かなキャリア形成は、ジェンダーギャップの解消が進むことを意味する。本来的にはジェンダーギャップの解消は、女性のみの問題ではなく、男性も含めてすべての人が向き合う課題であるため、本書は共学での「キャリアデザイン」の授業にも適用が可能である。ジェンダーギャップをはじめとする構造的な不平等をなくしていくことは、生きづらさや貧困を解消し、一人ひとりの自己実現をうながし、ひいては平和な社会の構築につながる。本書がその後押しになることを望むものである。

【本書の構成】

　本書の内容は大きく4部構成となっており、第1部では、キャリアについての理念や基礎知識について、第2部では、女性のキャリアデザインの構築にあたり直面する壁やその解決に向けてのヒントを、第3部では、男女共同参画や男女平等の歴史と実態について、第4部では、女子大学で行われているキャリアデザインの実践を学ぶ。

　テキストを通して、キャリアデザインの理念や知識を学び、ワークを通して、自己のキャリアを主体的かつ自信をもって築くことができるような内容となっている。また、随所にコラムを設け、女性が生活をしていくうえでの有益で具体的なトピックを学び、それぞれが豊かなキャリアデザインを構築できるよう工夫を凝らした。

　本書は、和洋女子大学の共通総合科目「キャリアデザイン」担当経験のある筆者と奈良玲子・福原充が編集委員となり、全体を構成した。和洋女子大学以外の執筆者として発達の理論に詳しい立命館大学の沼田あや子さんに第4章を、デジタル化の問題に詳しい都留文科大学の横山美和さんに第10章をお願いした。また、グローバルな観点からのキャリアデザイン構築をめざした第12章では、モンゴルの女性たちを北海道武蔵女子大学のガルサンジグメド・エンフゾルさん、ドイツの女性たちを静岡大学の佐野敦子さん、イランの女性たちを奈良が執筆した。加えて、第15章では和洋女子大学で進路支援にあたっている野澤和世が、就職活動でのポイントを執筆した。

　本書の作成にあたっては、和洋女子大学教育振興支援助成（2023年度〜2025年度）を受け、20代から70代まで200人ずつを対象として2024年2月に行ったキャリア調査（以下、2024和洋キャリア調査）も活用し、世代別の傾向や自由回答を駆使し、女性たちのリアルな声や実態に即した論考を展開した。本書が、すべてのみなさんの豊かなキャリア形成に資することを願う。

編集委員を代表して　2025年1月

和洋女子大学ジェンダー・ダイバーシティ研究所　代表

田口久美子

目 次

第1部 キャリアデザインの理念と基礎知識

第1章 キャリアとは何か ―ガイダンス― ………………………… 2
1.1 キャリアとは何か　2
1.2 自分の人生をデザインする　―自己・他者・社会と向き合う―　4

第2章 女性の生き方、生き方の変遷
　　　　―平均寿命・高齢化・ライフスタイル・働き方の変遷― ………… 7
2.1 平均寿命の変化と高齢化社会　8
2.2 ライフサイクルの変遷　12
2.3 働き方の変遷　―専業主婦から共働きへ―　15
2.4 生涯未婚率の推移　17

第3章 情報と統計
　　　　―普段利用しているメディアとジェンダー統計― ……………… 19
3.1 日常的に用いている情報　20
3.2 自己のキャリア形成に重要な情報　23
3.3 ジェンダー統計の意義　25
3.4 女性の参画状況をジェンダー統計から知る　26

第2部 女性とキャリア形成

第4章 女性と家族
　　　　―エリクソンの理論からキャリア形成を考える― ……………… 30
4.1 青年期の心理　31
4.2 ライフ・イベントと女性のキャリア　34
4.3 女性の成長と人生　37

第5章 女性と妊娠・出産・育児 ………………………… 41
- 5.1 少子化時代を迎えて　42
- 5.2 産後うつ病や虐待　―孤独な子育て、良妻賢母をめぐる問題　47

第6章 女性と仕事　―働くことをめぐる葛藤― ………………………… 52
- 6.1 女性と仕事　―働き方をめぐる葛藤　53
- 6.2 さまざまな働き方を学ぶ　―派遣労働を中心に　56
- 6.3 管理職になることについて　―学校管理職の場合　59

第7章 女性と生涯学習 ………………………… 62
- 7.1 生涯学習とは何か？　62
- 7.2 社会人のキャリア形成と生涯学習　67
- 7.3 本章のまとめ　72

第8章 女性と介護 ………………………… 73
- 8.1 家父長制と家庭内「ケア」労働　73
- 8.2 「ケア」労働のジェンダー化と、脱ジェンダー化の可能性　75
- 8.3 介護離職の実態　78
- 8.4 諦めないキャリアと4つの「助」　80

第9章 女性と暴力 ………………………… 85
- 9.1 さまざまな暴力　86
- 9.2 デートDVのサイクルと心理　88
- 9.3 性暴力の実態　89
- 9.4 被害者支援の在り方　93
- 9.5 暴力の禁止に向けて　―構造的暴力、文化的暴力　95

第10章 デジタル化とジェンダー ………………………… 98
- 10.1 コンピューターの歴史と女性　99
- 10.2 デジタル化が雇用に及ぼす影響　100
- 10.3 インターネットの光と闇　102
- 10.4 デジタル化時代に賢く生きるために　106

第11章 災害と女性 ・・・・・・・・・・・・・・・・・・・・・・・・・・・ 108
- 11.1 被災地の女性の声から考えたこと　109
- 11.2 女性の声が反映されにくい状況　109
- 11.3 防災や支援の在り方 ―女性の参画という視点から　111
- 11.4 女性が主導する地域活動 ―学校での学びや子育てキャリアを生かした復興への貢献　113

第12章 世界の女性たち ・・・・・・・・・・・・・・・・・・・・・・・・ 116
- 12.1 モンゴル国のジェンダー平等とモンゴル人女性のキャリアの現状　116
- 12.2 イランの女性たち ―政教一致社会で築く女性のキャリア　124
- 12.3 ドイツの女性たち ―時間の選択可能性を拓くために　132

第3部　男女平等・男女共同参画に向けて

第13章 男女共同参画への道
―男女平等や男女共同参画のあゆみ　学校教育を軸として― ・・・・ 141
- 13.1 教育基本法制定時における「男女共学」の位置づけ　142
- 13.2 「学制」の発布と「良妻賢母」　143
- 13.3 戦前の学校系統について　145
- 13.4 大正新教育運動と男女共学論　146
- 13.5 本章のまとめ　150

第14章 平和な社会と男女平等、男女共同参画 ・・・・・・・・・・・・・・・ 152
- 14.1 女性活躍後進国ニッポン？　152
- 14.2 法制度と現実の間にある「ギャップ」について考える　153
- 14.3 女性差別撤廃条約と日本への勧告について　157
- 14.4 包括的性教育（国際セクシュアリティ教育）と日本　159
- 14.5 本章のまとめ　161

第4部　女子大学におけるキャリア教育の実践例

第15章　女子大学におけるキャリア教育の実践
――和洋女子大学を例に――　……………………　163

15.1　高大接続7年制　和洋共育プログラム　　163
15.2　和洋女子大学進路支援センターの進路支援　　165
15.3　研究所と教育　　167

Book Guide ……………………………………………　169
索　引　………………………………………………　173
おわりに　……………………………………………　177

第1部

キャリアデザインの理念と基礎知識

第1章

キャリアとは何か
―ガイダンス―

◆◆Key Word◆◆

キャリア　人生　仕事　生活　活動　生きがい

　この章では、まず、キャリアとは何か、をおさえる。キャリアというと、仕事の内容、仕事の内容と自己の適性、キャリアアップや昇進など、仕事に特化した内容を想い浮かべることが多いだろう。本章ではキャリアのとらえ方を述べた後、これからの生き方を構築していくうえで重要なことは何かについて学ぶことを目的とする。

1.1　キャリアとは何か

　受講生のなかには、これまで「キャリア」というと、自分の適性は何か、どんな仕事に向いているのか、卒業後にきちんと就職するために在学中にどのような学習をして免許や資格をとればよいか、仕事に就いた後スキルアップや昇進のためにどうすればよいのかなど、「仕事」のことを思い浮かべた人が多いのではないだろうか。

　現在においては、キャリアは、こうした仕事にかかわる事柄や経歴にとどまらず、仕事を含めた人生や生き方というように、仕事の枠組みを超えて、人生における経験や役割など時空間に広がりをもつ概念としてとらえられて

いる。例えば、大槻奈巳[1]は、キャリアに社会活動を含め、「生涯を通した活動の連鎖」としている。また、これまで仕事に傾いていたキャリアに対し、女性の生き方に照らしたライフ・キャリア[2]という概念も提唱されている。つまりキャリアとは、いわば人生そのものであり、仕事や職業に関する事柄に加え、一生を通してどのように生きるのか、という意味が含まれている。次に、筆者が以前、ある女子大学でキャリア関連の授業を数年間受けもったときの学生たちのコメント[3]を紹介しながら、キャリアに対する理解を深めていこう。

（１）学生のコメントから

「私がシラバスを拝見して気になったのが「生涯を通じた自らのキャリア形成について考える視点を得ることを目的とする。」という箇所です。今までどんな職業に就きたいか、こんな仕事は楽しいんじゃないか、向いてる仕事は何か、等卒業後の進路についてしか考えていなかったが、生涯を通したキャリアプランというものを考えられるこの授業は非常に魅力的でした。私の狭かった視野を広げられるように様々なことをこの授業で吸収していきたいが、特に私は将来出産して家族を作ることが夢なので、出産というライフイベントも視野に入れながらどうすれば充実したキャリアを積み重ねていけるのかを学んでいきたいと思いました。」（Aさん）

別の受講生Bさんからも以下のコメントが寄せられた。

「自由な時間の多い大学生活の中で私が大切だと思うのは、過去を振り返りながら自分を見つめなおし、未来についてじっくり考える事です。この事は、まさに「生涯を通じたキャリア」について考えることだと思います。また、女性として学ぶべき現状や取り入れられる社会制度について学ぶことは、必須であり自分にとって確実に有意義な事だと思います。本授業は、この二つ

---

[1] 大槻奈巳（2016）「キャリア形成と女性のエンパワーメント」『NWEC 実践研究』第 6 巻 pp.35-51
[2] 天童睦子（2024）『キャリアを創る－女性のキャリア形成論入門』学文社
[3] 本章で紹介するコメント（原文ママ）は、受講生から論文や著書などへの掲載可の許諾を得ているものである。

を同時に学び深められるものだと感じたので、履修しました。」

みなさんも、お二人と同じ思いをもたれたのではないだろうか。「キャリアとは、仕事に関することだけではなく、生涯にわたる生き方や活動であり、人生そのものである」ということをまずおさえておこう。学校、大学、大学院を出て社会人になり家庭をもち、子どもを授かる人もいれば、仕事一筋で生きていきたいなどいろいろな人生があるだろう。あるいは、将来介護をしたり、いずれは介護を受ける側になるかもしれない。そうした、いわば、一人ひとりの生涯にわたる人生や生活そのもの、それがキャリアである、ということをまずは確認しておきたい。

したがって、みなさんが大学で学業を修めていること、これもキャリアである。みなさんの、これまで「仕事」に傾いていたキャリア観に、もう少し幅広く他者・社会とのかかわりや活動を含ませ、また、人生という歴史的なスパンでみていくと、これまでとは異なるキャリア観が醸成されてくると思う。

1.2 自分の人生をデザインする —自己・他者・社会と向き合う

受講生Cさんは、下記のような意見を寄せてくれている。

「私がこの授業を取らせていただいた理由は2つあります。まず、今自分の具体的な将来の夢がないからです。私は英語を学ぶことが好きなのですが、英語を使える仕事に携わりたいという漠然とした考えしかありません。その為、この授業に強く惹かれました。

2つ目の理由は、ジェンダー学に興味があったからです。今まで高校で学んできた物理や化学は、日常生活に生かせると感じたことが正直なかったです。しかし、個人的な考えなのですが、ジェンダー学は専門的な学問というより共通科目のような認識で、日常生活でそのまま生かせる科目だと思います。この講義で自分の将来について考え、ジェンダーについての教養を深めることで、他者と関わる際にお互いについて理解していく為の手助けになればいいなと考えています。」

自分の人生を自分で考えて、切りひらいていくこと、このことは、自己のキャリア形成の目標である。加えて忘れてはならないことは、自分が社会で生きるということは、他者も社会で生きているということである。したがって、キャリア形成において重要なことは、新しい知識、他者の考え、社会の動向などを知り、他者のキャリア形成についても意識し、学んでいくことである。Cさんが述べているように、自分の将来について考えるだけでなく、社会で、世の中で、またグローバルな視点から、そして歴史的な観点を踏まえて女性のキャリア形成について考えていくことは、平均寿命が長くなり、インターネットでさまざまな国や地域の人たちとつながることができるようになった時代であるからこそ、より重要である。

　自己のキャリアデザインの構築において、自分はどんな仕事をしたいのか、どんな活動をしたいのか、いかなる人生を歩みたいのか、を考えていくにあたり、自己が生きている社会や世界と向き合い、対話や交流を重ねながら、人生を歩んでいくとき、そこにはジェンダーをはじめとする社会的・文化的な環境がときに大きな「壁」として立ちはだかることもある。こうした壁をあらかじめ知っておくことは、突然の壁の出現にともなうショックをやわらげ、その壁を乗り越えたり、迂回したりすることにつながる。

　キャリア形成の構築を阻む壁の原因や背景を知り、壁を打ち壊していくことは重要だ。ただ、単独でその壁に立ち向かうには大きな勇気も必要であるし、すぐにその壁はなくならないかもしれない。でも、世界では思いを同じくする女性たちが手を携えて、行動を起こし、大きな力に立ち向かい、変革を遂げている地域や国々もたくさんある。本書を通じてキャリア形成の知識や実践を知り、力をつけていこう。

Work　：あなたが尊敬する女性は誰ですか？　みんなが知っている女性を一人あげ、その理由とともに仲間と共有しよう。

尊敬する女性：＿＿＿＿＿＿＿＿＿＿さん

尊敬する理由：

コラム　ギンズバーグの生き方

「1956 年、新入生の男子は約 500 人いたが、女子は 9 人しかいなかった。数ある校舎の中で、女子トイレがあるのは一棟だけだった[4]」この 9 人の女子新入生のなかの 1 人が、すでに妻であり 14 か月の子どもの母親であったルース・ベイダー・ギンズバーグ（1933-2020）だった。

ギンズバーグが法曹界で活躍し始めた 1970 年代のアメリカ社会は現在とは違い、「男は外（一家の大黒柱）、女は内（専業主婦）」という性別役割分業が一般的な時代で、女性が社会に進出すること、ましてや、法曹界で男性と肩を並べて活躍するなどということはあり得ないことだったのだ。「子育てを他人に任せて自身のキャリアを追求する身勝手な母親」と家庭をもちながら働く女性らは批判され、同業者の男性からは「女性と顔をつきあわせて働くのは不愉快だ」と否定された。

最終的に、彼女はアメリカ合衆国連邦最高裁判事にまでのぼりつめ、亡くなる直前まで法廷に立ち続けた。そして性別・人種による差別、精神疾患患者の権利と擁護、さらには同性婚の合法化などに貢献した。

確固たる信念をもち、努力を惜しまなければ、女性であっても自己実現が可能であることをギンズバーグの足跡は私たちに示唆しているのではないだろうか。

---

[4] ジェフ・ブラックウェル&ルース・ホブディ/編『信念は社会を変えた！ルース・ベイダー・ギンズバーグ』橋本恵/訳（2020）あすなろ書房

第2章

女性の生き方、生き方の変遷
― 平均寿命・高齢化・ライフスタイル・働き方の変遷 ―

◆◆Key Word◆◆

女性の生き方　平均寿命　高齢化　ライフスタイル　働き方

　医療技術の進歩や健康への関心の高まりを背景に、日本は長寿時代を迎え、90代を迎える人々も多く見かけるようになった。一度きりの人生を長く生きられるということは、大変喜ばしいことである。

　日本は世界に名だたる長寿国である。加えて、女性の方が男性よりも長寿の傾向がある。カップルの年齢差にもよるが、同年齢であっても、女性の方が一人で生きる期間が長くなる。長寿社会を迎えるということは、女性が一人で生きる期間が長くなるということでもある。

　長い人生を豊かに生きるためには、どうすればよいのだろうか。この章では、女性の生き方が時代とともにどのように変遷してきたのかを概観する。そのために、平均寿命や高齢化社会の現状を確認し、女性のライフスタイルの変遷を歴史的にとらえる。

　平均寿命や女性のライフスタイルの変遷を把握したうえで、これからの長い人生について見通しを立て、受講仲間と共有しながら、自己のキャリアデザインの展望を立てることが本章の目的である。

2.1 平均寿命の変化と高齢化社会

この節では、内閣府の統計[1]を参照しつつ、平均寿命の変化を概観し、高齢化が進む現状を把握する。

（1）平均寿命の推移

図 2-1 は、性別の平均寿命の経年推移と将来の推計を表したものである。

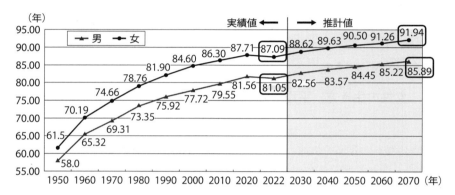

図 2-1 平均寿命の経年推移　内閣府（2024）より引用

令和 6 年版高齢社会白書によれば、直近の平均寿命は、女性が 87.09 歳、男性が 81.05 歳であり、女性は男性よりも 6 年以上長い。戦後間もなくの昭和 25 年と比べると、女性はおよそ 26 年、男性も 23.5 年寿命が長くなり、驚くべき長寿社会を迎えている。今後の推計においても、平均寿命は延び続け、2050 年には女性は平均寿命 90 歳代を迎えると予想されている。

受講生の皆さんからは 90 歳という年齢はどのように映るだろうか。今の年齢（20 歳前後くらい）から 90 歳までの 70 年間をこれからどう過ごすのか、未知の期間が長いということはそれだけ不安が大きくなることでもある。それだけに、これからの長い 70 年間の見通しをライフイベントに沿って見通しを立てておくことは、今後の人生を豊かに過ごすための有効な手立てとなる。

---

[1] 本節で用いる統計はすべて内閣府（2024）『令和 6 年版高齢社会白書』からの引用である。

（2）高齢化

　高齢者の定義は定まっていないが、一般に高齢者とは 65 歳以上をさすことが多く、本章においてもその用法に準じる。

　2023 年 10 月 1 日現在、日本は人口 1 億 2,435 万人に対し、高齢者は 3,623 万人で、29.1％を占めている。人口のおよそ 3 割が高齢者であり、高齢化率が非常に高いといえる。また、高齢者の性別人口は、表 2-1、図 2-2 に示すように、女性 2,051 万人、男性 1,571 万人で、性比はおよそ 4 対 3 と女性の比率が圧倒的に高いことに注目したい。

表 2-1　高齢者の人口　内閣府（2024）より作成

	男（万人）	女（万人）	女／男
総人口	6,049	6,386	1.06
65 歳以上人口	1,571	2,051	1.31
65〜74 歳人口	773	842	1.09
75 歳以上人口	**799**	**1,209**	**1.51**
75〜84 歳人口	582	755	1.30
85〜94 歳人口	203	399	1.97
95 歳以上人口	13	55	4.23

　1950 年には約 5％であった高齢化率は、およそ 75 年を経て約 30％と 6 倍に増えていることにも注意が必要である（図 2-3）。このように少子高齢化が進んでいることに加え、高齢者では女性比率が高いことにも留意したい。高齢化の問題は、女性がどう生きるかという問題に直結するのである。現時点では、この先も高齢化率は上がり続け、2065 年には 4 割近くになると推計されている。皆さんが 60 歳代になるころ、高齢者は 4 割、という時代を迎える。自分事としても、これらの資料をじっくりと確認しておこう。

10　第 2 章　女性の生き方、生き方の変遷

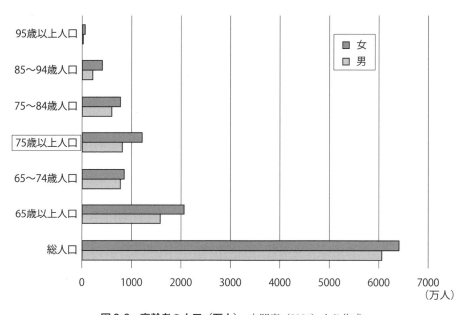

図 2-2　高齢者の人口（万人）　内閣府（2024）より作成

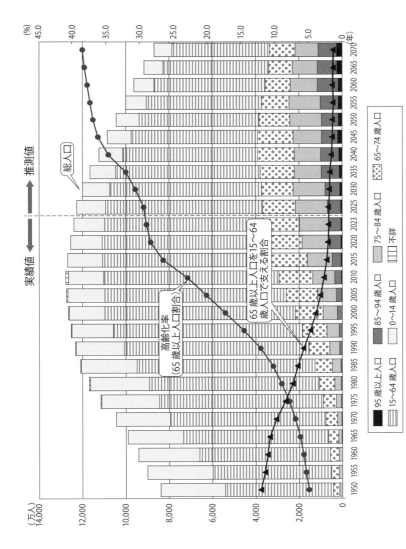

図 2-3 高齢化の推移と将来推計　内閣府（2024）より引用

2.2 ライフサイクルの変遷

　高齢化社会や社会の変化にともない、妻と夫のライフサイクルが変わることは必然である。厚生労働省(2011)[2]が作成したライフサイクルの変遷（図2-4）を見てみよう。

　1920年（便宜上第1世代と名づける）、1961年（第2世代）、2009年（第3世代）の3世代で比較をしてみると、第3世代は第1世代に比べ20年以上、第2世代に比べると10年以上寿命が長くなり、それにともなって、夫の引退以降の期間や夫が死亡した後の期間も延びている。結婚年齢や長子出産年齢が遅くなり、子どもの数が減少していることもわかる。第1世代の女性は今よりも短い人生の間に、子どもをたくさん産み育て、夫の引退、死亡後まもなく亡くなっていたのに対し、第3世代では夫が引退した後も夫婦で15年くらいは生き、夫の死亡後妻は7年以上生きる、という形になっている。

　厚生労働省(2023)[3]によれば、2022年度、女性の初婚年齢は29.7歳、男性が31.1歳と夫婦間の年齢差は縮まる傾向にあるが、死亡年齢は妻が87.3歳、夫が81.8歳と推計[4]され、妻が一人で生きる期間は平均で5.5年と考えられる。少子高齢化などにともない、今後は65歳以降も働き続ける高齢者が増えることが予想されるが、夫（妻）の仕事の引退後の期間をカップルでいかに過ごすのか、また、夫の死後、妻がどのような生活をするのかについて、生涯的なキャリアという点から考える必要がある。

---

[2] 厚生労働省（2011）『厚生労働白書　平成23年版』
[3] 厚生労働省（2023）「令和4年（2022）人口動態統計月報計（概数）の概況」
[4] 厚生労働省（2023）「令和4年簡易生命表の概況」により、筆者が推計

○子どもの数は減少したが、平均寿命の上昇より夫引退からの期間も長くなった。

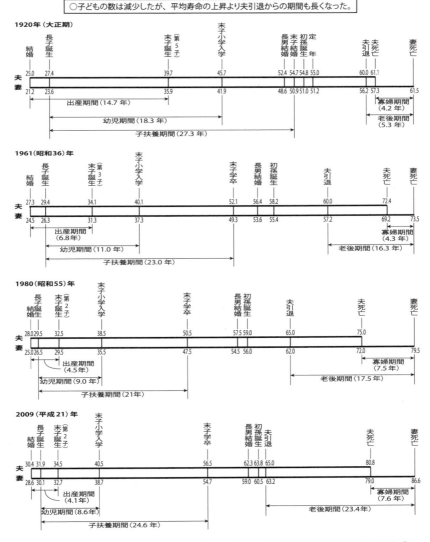

資料：1920年、1980年は厚生省「昭和59年厚生白書」、1961年、2009年は厚生労働省大臣官房統計情報部「人口動態統計」等により厚生労働省政策統括官付政策評価官室において作成。

(注) 1. 夫妻の死亡年齢は、各々の平均初婚年齢に結婚時の平均余命を加えて算出している。そのため、本モデルの寡婦期間は、実際に夫と死別した妻のそれとは異なることに注意する必要がある。
2. 価値観の多様化により、人生の選択肢も多くなってきており、統計でみた平均的なライフスタイルに合致しない場合が多くなっていることに留意する必要がある。

図2-4　ライフサイクルの変遷　厚生労働省（2011）より引用

14　第 2 章　女性の生き方、生き方の変遷

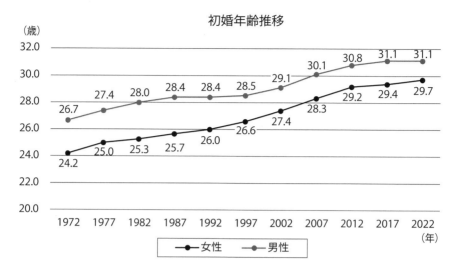

図 2-5　初婚年齢推移　国立社会保障・人口問題研究所（2024）より作成

　関連して、結婚する相手の年齢という要因も、女性のキャリア形成において重要になる。図 2-5 に示すように、この半世紀で女性の初婚年齢[5]は 24.2 歳から 29.7 歳へ、男性も 26.7 歳から 31.1 歳へとともに 5 年半ほど遅くなり、年齢差は 2.5 年から 1.5 年と縮まっているが、相手が自分よりかなり年上である場合には、女性の一人暮らしの期間が長くなる。現実的な話としては、夫の死後には二人分の年金が一人分になり、年金が大幅に減る一方で、生活費自体はさほど減らせない、という事柄も考えなければならない。
　また、結婚や子どもの有無にかかわらず、第 8 章にもあるように、介護は避けて通れない問題である。老後を豊かに過ごすためには、自分の仕事や収入にとどまらず、パートナー（新たな家族）を含めた経済的・健康的要因など、多様な観点からのキャリアデザインが必要となる。

---

[5] 国立社会保障・人口問題研究所（2024）「表 6-12　全婚姻および初婚の平均婚姻年齢：1899〜2022 年」https://www.ipss.go.jp/syoushika/tohkei/Popular/P_Detail2024.asp?fname=T06-12.htm（2024 年 12 月 31 日最終閲覧）

2.3 働き方の変遷 —専業主婦から共働きへ

それでは、女性の働き方はどのように変わってきたのだろうか。この節では、女性の労働力率や主婦の働き方から考えていこう。

（1）女性の労働力率

図 2-6 に見るように、女性の労働力率は、1980 年～2000 年～2020 年と、20 年おきにいわゆる M 字カーブのくぼみのところがかなりゆるやかになった。20 年前、40 年前に比べ、20 代後半で多くの女性が働くようになっていることがわかる[6]。それでも現在、M 字カーブは右にずれながら、ゆるやかではあるが、30～34 歳、35～39 歳で少しくぼみがあることから、妊娠・出産・子育ての影響を見て取ることができる。

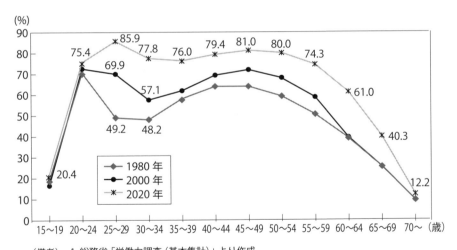

図 2-6　女性の労働力推移　内閣府（2021）より引用

---

[6] 内閣府（2021）『男女共同参画白書　令和 3 年版』

（2）共働き率の推移

　前記で確認したように、日本の女性の労働力率のM字カーブは一時期に比べ、かなり緩やかになっている。関連して、共働き世帯の推移はどうなっているだろうか。図2-7では、およそ40年の間に、共働き世帯が倍増していることがわかる[7]。

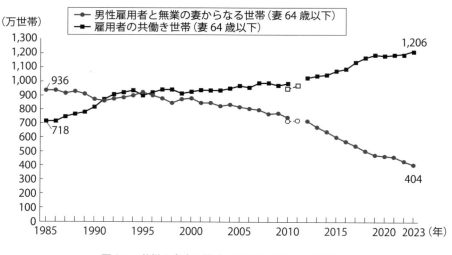

図2-7　共働き家庭の推移　内閣府（2024）より引用

　男性雇用者と無業の妻からなる世帯は、1980年から減り始め、いわゆるバブル崩壊～崩壊後の時期にあたる1990年代に共働き世帯と拮抗し、2000年以降は共働き世帯が男性の片働き世帯の減少と対照的に増加している。結婚した女性が働き続ける、あるいは、子育てが一段落して再び働き始めるというような女性の労働のパターンは、ジェンダー観をはじめとする社会・文化的な性の在り方や、そのこととかかわっての法整備・制度などの影響に加え、経済的な状況も大きく影響しているように見受けられる。

---

[7]　内閣府（2024）『男女共同参画白書　令和6年版』

2.4 生涯未婚率の推移

50歳時の未婚率（いわゆる生涯未婚率）は1990年（平成）に入ってから男女の比率が逆転し、以降は男性の比率が加速度的に高まっている（図2-8[8]）。

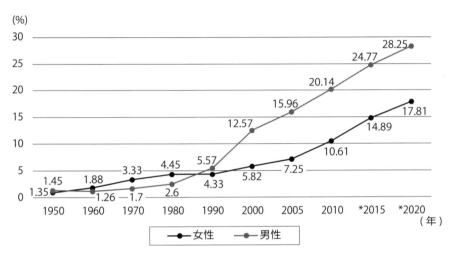

図2-8　生涯未婚率の推移　国立社会保障・人口問題研究所（2024）より作成

　女性の増え方も大きいが、男性の増え方が著しい。戦後間もなくの時代は、生涯未婚率に性差がなかったこと、ともに低かったことを考えると、平成に入ってからの生涯未婚率の上昇は非常に顕著で、1990年初めのバブル崩壊、2008年のリーマンショックの影響が見てとれる。直近は女性ではおよそ5人に一人、男性の3人に一人が未婚であることをふまえると、未婚は特段珍しい状況ではない。

　第8章でも触れているように、とりわけ独身男性が家族の介護を行う場合には、介護を分担する相手がいないなどの孤独を呈したり、離職につながる

---

[8] 国立社会保障・人口問題研究所（2024）「表6-23 性別50歳時の未婚割合、有配偶割合、市別割合および理別割合：1920～2020年」
https://www.ipss.go.jp/syoushika/tohkei/Popular/P_Detail2024.asp?fname=T06-23.htm （2025年1月1日最終閲覧）より作成

という状況が指摘されている。自分が結婚を含めていかなるキャリアを形成するのか、さまざまな点にも目を配りながらキャリアデザインを温めていってほしい。

Work：あなたの将来の生き方をイメージし、仲間と共有しよう。

コラム　時代を超えた女性の苦しみ

　2024年上半期に放送されたNHKのドラマ『虎に翼』のヒロイン佐田寅子は、実在の人物である三淵嘉子をモデルとしている。成績優秀であった寅子は、母親が勧めるお見合いを幾度も断り、法曹の道を目指すが、当時は女性が大学で学ぶことも（第13章を参照）、ましてや女性が弁護士や裁判官としてキャリアをひらくことも難しい時代であった。

　そのような時代に女子部を創設し、女性の法曹への道を開いた明律大学であったが、女性たちが学問の道を継続することは厳しく女子部存続の危機を乗り越え、寅子は無事に女子部を卒業し、2年目で法曹の試験をパスする。だが、女性であることや独身であることを理由に、弁護士依頼案件は少なかった。

　結婚して子どもを授かっても仕事を続行する予定であったが、女性弁護士としての期待を背負いながらの妊娠中の激務により、寅子は仕事の継続を断念する。戦後寅子は裁判官として復帰するのだが、第6章で後述するように、現代においても、妊娠・出産を機に離職する女性はいまだに多い。女性が仕事を続けることの難しさ、苦しみ、葛藤は、時代を超えた課題である。

第3章

情報と統計

— 普段利用しているメディアとジェンダー統計 —

◆◆Key Word◆◆

情報　メディア　ジェンダー統計　政治　キャリア形成

　私たちが社会で生きていくために、情報は非常に重要である。平時は言うまでもないが、新型コロナウイルスのパンデミックのさなかや、大地震・大雨・洪水などの自然災害に見舞われたときなど、とりわけ有事の際には、人々が安全で安心な生活を送るための情報は命綱となる。

　いつ、どのような情報を、どのように用いるのかは、このように私たちの生活や命を守るために重要なものである。一方で、国や地方公共団体などが法律や条例を作成し、政策を策定していく際にもさまざまな情報が使われる。人々の意識、身体、教育、福祉、経済、労働などに関する私たちの身の回りのさまざまな情報がデータ化され、統計として法律や政策立案に用いられる。

　現在では、さまざまな情報がインターネットを通じて瞬時に世界中を飛び交う時代である。従来の、放送（テレビやラジオ）、書籍、新聞などの紙媒体に加え、新たに参入したインターネットは、瞬く間に大勢の人たちへの情報発信を可能にし、グローバルな情報化をもたらした一方、不適切で不法な情報発信（拡散）による人権侵害や誹謗中傷が後を絶たない。

　本章では、情報を上手に使い、生活に適切に役立てるためにどうすればよいのかを考えていく。

3.1 日常的に用いている情報

実際に人々は毎日、どのようなメディアを利用して情報を得ているのだろうか。ここでは主に NHK 放送文化研究所（以下 NHK）が行った調査を参照しながらみていくことにする。

（1） テレビ・新聞、SNS の利用

16 歳から 69 歳の男女を対象とした NHK の調査をまとめた保高（2018）[1]によれば、高年層の多くがテレビや新聞を利用していることがわかっている。年代別、性別に、テレビ・新聞、SNS の利用状況を見ておこう。女性は 40 代から 60 代にかけおよそ 7 割以上が毎日テレビを利用しているが、20 代では 48％にとどまっている。新聞の利用（女性）では、50 代で 50％、60 代が 65％に対し、20 代は 7％と落ち込んでいる。男性も％は異なるが、傾向としては同じである。

一方、SNS の利用は若年層に多く、50 代・60 代は男女とも利用が少ない。LINE、Twitter（現 X、以下 Twitter）、Instagram、Facebook などのうち、いずれかを利用した人でみると、20 代女性は 92％（男性は 76％）と高く、50 代では 53％（男性は 43％）、60 代では 29％（男性は 20％）と高年層では利用率が低い。

SNS を細かく見てみると、男女ともどの年齢層でも LINE（20 代女性は 85％、同男性は 74％）が最も多く利用され、Twitter その他は年代により異なるが、LINE よりも利用率が少ない。年代別にみると Twitter は男女とも 20 代（女性 60％、男性 40％）が多く利用している。

（2） 若年層の情報観と情報源

20 代の若い人たちは、高齢の人たちに比べ、テレビや新聞を利用する割合が低く、SNS を利用する人たちが多いことがわかった。前述の保高（2018）

---

[1] 保高隆之（2018）「情報過多時代の人々のメディア選択〜『情報とメディア利用』世論調査の結果から〜」『放送研究と調査』December2018　pp.20-45

によると、ほかの年代に比べ、若い層は、「自分が知りたいことだけ知っておけばいい」「必要な情報を得る時は時間をかける」「知りたいことについて、すぐ情報が得られないと気がすまない」の3項目について、ほかの世代よりも肯定率が高い傾向がある（表 3-1）。若い人たちは、自分の知りたい情報については、時間をかけることや、知りたい情報についてすぐにアクセスする傾向があるといえよう。

表 3-1　情報に関する意識　保高（2018）より田口作成

	女性（「あてはまる」「まあまああてはまる」%）					**男性**（「あてはまる」「まあまああてはまる」%）				
	20代	30代	40代	50代	60代	20代	30代	40代	50代	60代
自分が知りたいことだけ知っておけばいい	44	29	32	27	22	45	38	27	29	27
必要な情報を得るときは時間をかける	50	50	44	43	35	54	52	47	46	37
知りたいことについて、すぐ情報が得られないと気がすまない	49	47	36	34	28	48	48	39	43	36

（注）網かけの数字は、全体と比べて統計的に高いことを示す

　それでは、若者たちはどんな情報に興味があるのだろうか。NHK（2018）[2] が作成した図を見てみよう（図 3-1）。16 歳から 22 歳までの若年層を対象にした調査では、関心のある情報は、女性と男性で異なり、普段最も関心のある情報は、女性では1位が「音楽・芸能などのエンタメ情報」であるのに対し、男性では「ニュース（政治・経済・社会の動き）」が1位、2位は「個人的な趣味に関する情報」で女性とほぼ同率、3位が「音楽・芸能などのエンタメ情報」で、女性と男性では1位と逆転している。

---

[2] NHK（2018）「大学生たちと考える"テレビ"の未来〜スマホ時代のテレビの可能性〜」NHK 文研フォーラム 2018　https://www.nhk.or.jp/bunken/forum/2018/pdf/f2018_c.pdf（2025 年 1 月 1 日最終閲覧）

22 第3章 情報と統計

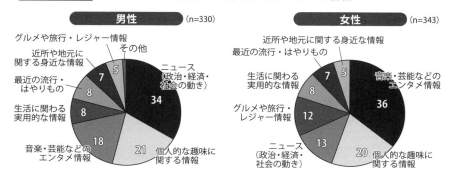

図 3-1　普段、最も関心をもっている情報　NHK（2018）より引用

　さらに、女性の情報源を見てみると、「ニュース」以外は SNS から多くを取得している（図 3-2）。

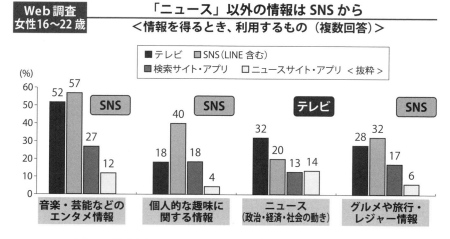

図 3-2　情報を得るとき、利用するもの　NHK（2018）より引用

このように、若年層の男女別では、ニュースへの関心は男性が高く（女性は半分以下）、音楽・芸能への関心は女性が高い（男性は半分）などジェンダー差が明らかになった。こうしたジェンダー差がなぜ生じるのか、みなさんはどう考えるだろうか。

3.2 自己のキャリア形成に重要な情報

（1）どのような情報を取得するか

新型コロナウイルス感染症（以下新型コロナ）や新型コロナワクチン（以下ワクチン）に関しては、多くの情報がインターネットをはじめとしてさまざまなメディアを通して発信されていたが、特定の立場や主張に「偏った」情報ばかりが拡散されたらどうなるのだろうか。実際、ワクチンの副反応、副作用に関する情報は、国からはあまり提供されなかった。ワクチンの承認が通常よりもかなり早く行われたのはなぜか、効果がどれくらいあるのか、どのような副作用や後遺症があるのか、ワクチン接種の意思決定には、ワクチンのメリットとデメリットを両方知る必要がある。あるいは、知る権利があると言ってもよい。だが、ワクチンのデメリットに関する情報は、意識的に取得しなければ、大きなメディアはあまり伝えてくれない現実がある[3]。このように、どのような情報を取得し、どのように生活に活用するかが重要であることは、2020年に始まったコロナ禍からも明らかである。

2024年の東京都知事選挙以降、同年の衆議院選挙、その後の兵庫県知事選挙において、投票活動へのSNS、とりわけYouTube（動画配信）の影響があることが指摘されている。YouTubeをはじめとするSNSを通した情報の取得により、人々が政治への関心を高めたことは評価しうる側面がある。しかし、特定の候補者に特化した情報に偏ることは、多様な政治理念のなかから候補者を選ぶ機会を奪いかねないという危険をはらんでいる。先に見たように、

---

[3] コロナワクチンを考える心理関係者の会調査班（2023）による「新型コロナウイルス感染症（COVID-19）とワクチンに対する人々の意識調査」報告書では、ワクチン接種回数と発症率・重症化に明確な関連性がないことが示唆されている。

若い世代は自分の関心のある情報のみを取得する傾向が見られていることに照らしても、多様なメディア、多様な候補者のなかから候補者を選択する力を身につけていくことが必要である。候補者の選択は、法律や条例をはじめとして私たちの生活に直結する重要事項であるからである。

（2）情報と統計

　統計は、情報をどのように生活に生かすか、というときに、数的なエビデンスとなるものである。新型コロナ関連でいえば、いつ、どこで、何人が感染したのか、ワクチンを打った回数と年齢や病歴との関連性、感染者数（発症率）はどのように推移しているのか、などを数値で示すのが統計の在り方である。このように、客観的で説得力のある統計を示し、人々に伝えていくことは、新型コロナへの人々の不安を緩和し、行動への合理的な根拠を示すことにつながる。したがって、私たちが、どのような情報をどのように取得する（受け取る）のか、そしてどのような行動をするのか、ということについては、正確な、科学的な根拠に基づく統計が大変重要な意味をおびてくる。法律や政策を策定する国会で、統計が重要視されるのは、こうした背景がある。しかし、これまで、省庁の統計において、データの書き換えや誤った数値など、統計に関する不備が国会やメディアによって指摘されていたことがあった。統計上の合理的根拠をもたなくなることは、法律や制度設計において大きな問題となる。

　省庁が作成した統計が、国会での法案や政策策定の議論の資料として用いられるのは当然のことだが、これ以外にも、こうした統計は研究をはじめとして多くの分野で重要な資料となる。省庁が作成する、人や社会の情報に関する統計は、大量のデータを対象としているため、偏りの少ない安定した情報を得ることができ、経年変化をとらえることができるという強みがあるからである。

3.3 ジェンダー統計の意義

　次に、ジェンダー統計について見ていくことにしよう。すでに述べたように、法律を作成したり、制度設計をする際に、統計は大変重要である。平均寿命が長くなり、一人ひとりが充実したキャリアを形成するために、また法律や制度設計を整えるために、科学的な根拠をともなうしっかりとした統計が必要となる。ここではとりわけ、女性のキャリア形成の充実をめざすために、大変重要な統計を数多く扱っている内閣府男女共同参画局のホームページを見てみよう。パソコンやタブレットで http://www.gender.go.jp/ のトップページに飛んでみよう。

- 男女共同参画とは
  - 「男女共同参画社会」って何だろう？
  - 法律
  - 基本計画
  - 男女共同参画に関する予算
  - 男女共同参画白書
  - 成果目標・指標
  - シンボルマーク
  - 用語集
- 主な政策
  - 女性活躍推進法
  - 女性の活躍状況の「見える化」
  - ポジティブ・アクション
  - 仕事と生活の調和（ワーク・ライフ・バランス）
  - 女性に対する暴力の根絶
  - 男性にとっての男女共同参画
  - 地方との連携
  - 災害対応
- 推進本部・会議等
  - 男女共同参画推進本部
  - 男女共同参画会議
  - 専門調査会
  - 検討会
  - 男女共同参画推進連携会議
- 国際的協調
  - 国際規範・基準
  - 国際会議
  - 国連機関
  - 諸外国との協力関係等
- 広報・報道
  - 広報誌「共同参画」
  - メールマガジン
  - 報道発表資料
  - フォトギャラリー
  - パンフレット・リーフレット
  - ビデオ・DVD
  - キャンペーン
  - イベント・シンポジウム
  - 表彰
  - 夫婦が本音で話せる魔法のシート「〇〇家作戦会議」
  - 男性の家事・育児参画コンセプトポスター
- 基本データ
  - 調査研究等
  - 世論調査
  - 成果目標・指標
  - 女性の活躍状況の「見える化」
  - 国際関係データ
  - その他

- アクセシビリティ
- サイトマップ
- このホームページについて
- プライバシーポリシー
- アクセス

男女共同参画局 Gender Equality Bureau Cabinet Office
〒100-8914　東京都千代田区永田町1-6-1
電話番号　03-5253-2111（大代表）
法人番号：2000012010019
Copyright 2016 Gender Equality Bureau Cabinet Office.

図 3-3　内閣府男女共同参画局トップページより引用

　具体的な統計に入る前に、まず男女共同参画の理念を確認しておこう。トップページの下部（図 3-3）にある**男女共同参画とは**というリンクに入り、

そのなかの「男女共同参画」って何だろう？というリンクに入ってみよう。そうすると、男女共同参画社会基本法の理念や柱、国や地方公共団体、国民の役割を知ることができる。このリンクでは最終的に、「ひとりひとりの豊かな人生」に結実する、という図式にたどりつく。つまり、男女共同参画とは、女性に限らず、すべての人の人生の充実をめざす考え方である、ということがわかる。法律のリンクをクリックすると、男女共同参画社会基本法のほか、配偶者からの暴力の防止及び被害者の保護等に関する法律など、男女共同参画や男女平等を推進する重要な法律が掲載されている。時間のあるときにじっくり見ておこう。

このほか、トップページには、「主な政策」「基本データ」など、重要なリンク先が貼られているので、ほかの授業や研究などでも活用しよう。

3.4 女性の参画状況をジェンダー統計から知る

仕事や政治などでの女性の参画状況を知る際にも男女共同参画局のホームページから得られる統計情報が参考になる。トップページのリンク先から、基本データ⇒調査研究等⇒女性の政策・方針決定参画状況調べ⇒各年度調査結果に飛ぶと、各分野（1. 国・地方公共団体〜10. 諸外国における女性の政策・方針決定過程への参画状況）までの10分野で詳細なデータが掲載されており、それぞれの分野での参画状況を確認することができる。

たとえば、令和5年度の4. メディアにおける女性の参画状況を見てみると（図3-4）、2023年度の新聞・通信社における記者の女性割合は24.7％で、管理職に占める割合は、その半分以下の 9.3％にとどまっている。放送分野においても、従業員に占める女性割合は20％台、管理職レベルでは10％台と落ち込んでいる。

新聞や放送などの大きなメディアが、いかなる情報をどう伝えるかという方針の決定過程において、管理的な立場にある人たちの影響は計り知れないほど大きい。とりわけ男性優位が依然として続いている日本社会でのキャリア形成において、女性が自らの状況を客観的、相対的にとらえ、自分の力を

伸ばし、自分の行きたい道に進むことができるような情報の提供はより一層重要である。また、人々に巨大な影響力をもつ大きなメディアが発信する内容が、男性の優位性や旧来的なステレオタイプに偏ることのないよう、メディアにおける女性管理職の増加は、喫緊の課題である。

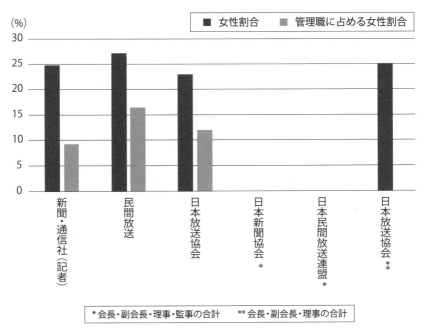

図 3-4 メディアにおける女性の参画状況　男女共同参画局（2024）より作成

このほか、私たちの生活にさまざまな形で関わるジェンダー統計が多数存在する。国会議員のジェンダー比率はよく取り上げられるが、果たして地方議会のジェンダー比率はどうであろうか。自治体における条例や政策の決定において、地方議会の議論や議決内容は大変重要である。第 2 章ですでに見たように、平均寿命は女性の方が長いことにかんがみれば、国政に加えて地方の政治においても、介護や子育てなどをはじめとして、女性の意見を含め多様な意見を包摂しうる政治の実現に向けて、女性議員比率の向上は必須で

ある。

　基本データ⇒調査研究等⇒女性の政策・方針決定参画状況調べ⇒各年度調査結果（令和5年度）から1．国・地方公共団体の**○地方公共団体**に入り、地方議会での女性の参画状況を見てみよう。都道府県議会（2023年12月31日現在）では最も高い東京都でも女性議員比率は31.1％(119人のうち37人)、最も低い大分県では4.7％（43人のうち2人）であり、全国平均で14.6％という状況であった。市区議会、町村議会でもそれぞれ全国平均で19.9％、13.6％と低く、これらをトータルした地方議会全体で最も高いのが東京都で33.4％、最も低いのが長崎県で10.4％である。日本では女性と男性がおよそ半数ずつ存在すること、高齢になるほど女性比率が高いことを考慮すると、地方議会でのジェンダーアンバランスは国会同様非常に問題である。

　日本では、女性の政策・方針決定参画状況がいかに乏しいか、そのことがこうした統計に如実に表れている。女性も男性も長生きする時代を迎え、人々の豊かなキャリア形成を長期的なスパンで構築していく時代にあって、現時点での重要な政策・方針決定をはじめとする女性の参画状況は、まだまだ厳しい状況が続いている。ジェンダー統計を用いて、女性のキャリア形成の問題点や改善策を自分で調べてみて、仲間とディスカッションしてみよう。

Work：ジェンダー統計を用いて、女性のキャリア形成の問題点や改善策を自分で調べてみて、仲間とディスカッションをしてみよう。

あなたが関心をもつ女性のキャリアの問題点：
取り上げる統計：
URL：
結果と考察：

第2部

女性とキャリア形成

第4章

女性と家族

― エリクソンの理論からキャリア形成を考える ―

◆◆KeyWord◆◆

アイデンティティ　結婚　ジェネラティヴィティ　ケアの倫理

　子ども時代は、毎日学校に行けばやるべきことは決まっていた。がんばれば評価してもらえた。しかしあるとき突然、「自分で考えて決めなさい」という環境になる。なにがやりたいのかわからないまま、周囲の期待を感じながら進路を決める。そして、就職活動では、さらに今の自分と向き合うことになる。将来やりたいことがない人は、焦りが強くなる。計画的に活動している友だちがまぶしく見えて、自分に自信がもてないこともあるだろう。これは男女共通の経験である。

　しかし、10代から女性は自分の身体のコンディションに悩んだり、電車の中や会食の場で嫌な思いをしたり、女性特有の経験をしている。自分が女性であることを意識させられる。そして20代になると、仕事、結婚、出産など、期待される役割が増える。どれを優先するか、自分の生き方の「型」のようなものを探る時期でもある。自分がどのような人で、どのように生きていくのか、迷いながら進む。本章では、キャリアをかたち作っていく時期の人間の心理を知ることが、今の自分を理解する助けになると考える。現代は選択肢が多くて迷うことも増えている。しかし、選択肢がたくさんあるように見えて、じつはあまりないのかもしれない。そんな社会構造についても学んでいく。

4.1 青年期の心理

(1) 子ども時代を過ぎると

　小学校を卒業する頃から20代前半までは、身体も心も大きく変化する。思春期を含むその時期を、発達心理学では「青年期」とよんでいる。なにかと悩むことの多い時期、人生のなかでは嵐の時期といえるだろう。第二次性徴で身体が大きく変化すると、見た目や生活にも変化が起こる。ホルモン分泌の影響で、男性は新しいことへの衝動が強くなり、女性は抑うつ傾向が強くなるといわれている。思春期にソワソワ、モヤモヤするのはそのためである。しかし、大脳（前頭前野）のほうは少し遅れて発達するため、自己を客観的に見てコントロールするということに関しては未熟である。「わかっているけどできない」、身体と気持ちの足並みがそろわない気がするのは当然といえる。

　発達心理学者のエリク・H・エリクソンは、人間のライフサイクルを8段階に分け、それぞれの段階での心理社会的発達課題があるとした（図4.1）[1]。

老年期							インテグリティ 対 絶望と嫌悪
成人期						ジェネラティヴィティ 対 停滞	
若年成人期					親密性 対 孤独		
青年期				アイデンティティ 対 アイデンティティ拡散			
児童期			勤勉性 対 劣等感				
幼児期後期			自主性 対 罪の意識				
幼児期前期		自律 対 恥と疑惑					
乳児期	基本的信頼 対 基本的不信						

図4-1　エリクソンの心理社会的発達段階

---

[1] 各マスの下段にある「心理的危機」を乗り越えると上段の発達が形成されることを意味している。その後も心理的危機は繰り返し起こり得るということもこの図は表している。

そのうち、青年期に獲得していくものを「アイデンティティ」とよんだ。アイデンティティとは、社会のなかで自分は生きているけどどこにいても変わらない自分（斉一性）、これまで生きてきてこれからも生きていく自分（連続性）、そして、それを他者が認めてくれることで見つけていくものである。学校で求められる役割、家族のなかで求められる役割、アルバイト先で求められる役割、それぞれが違うのはよくあることだろう。それぞれの役割をこなしながら、それでも変わらない自分の中心軸が徐々に見つかってくる。アイデンティティとは、葛藤しながら他者との関わりのなかで見つけていくものだということは、経験から実感できるのではないだろうか。

　一方、青年期の心理的危機は「アイデンティティの拡散」となっている。これは、簡単に言い換えると「自分が何者かつかめない」感覚であるといえる。アイデンティティが定まらないうちは、人は過剰に周囲と同じになろうとしたり、異質なものを排除しようとしたりする。一人では立てないから、グループを作り、自分自身・理想・敵をステレオタイプ化することによって一時的に助け合うのである[2]。10代の頃、学校でそのような光景はよく見られただろう。それは、自分探しの途中の自己防衛（自我を守るための心理の作用）だったのである。そして、青年期でアイデンティティを獲得できればずっと安泰というわけではなく、ライフステージや置かれた環境によって、アイデンティティの拡散はくり返し訪れる。そのたびに、誰かの力を借りながら見つけ直すのが人間の自然な姿なのだろう。

（2）意識させられる女性性

　私たちの社会で求められる役割には、女性・男性としての役割も存在する。小・中学校、高校では、名簿が男女混合になったり、体育が男女共修になったりと、それほど差は感じなかったかもしれない。しかし、授業以外の行事や部活ではどうだっただろうか。共学の学校だったら、中・高校くらいになると、頼られる役は男子生徒、サポート役は女子生徒となることが多いので

---

[2] エリク・H・エリクソン（2011）『アイデンティティとライフサイクル』西平直・中島由恵（訳）、Erikson, E.H.（1959）*Identity and the Life Cycle*, International Press, Inc.

はないか。運動部のマネージャーに女子が多いのはなぜだろうか。

　大学での学びにおいては、女性は力を発揮しやすい。その一方で、サークル活動やアルバイトでは男女の役割は分かれていることが多い。そして、就活になると男女の違いがさらに顕著になる。リクルートスーツとよばれる就活中に着るスーツでは、令和になってもまだスカート・パンプスのほうがどの業種においても無難といわれている。採用時に、男女差別を感じたことがある人は2019年の調査では約3割いたという[3]。「女性ならではの感性」、「育児との両立」などについて聞かれるのも、女性だけだろう。

　日本の社会では、残念ながら、性別による役割分業が強く残っている。業種によっては男性／女性が適しているものもあるが、ここで問題としたいのは、男女の性差の有無ではない。ケア役割は女性のほうが向いているといった根拠のないバイアスを女性が永続的に内面化してしまうこと、そして自らの選択に制限をかけてしまうことが問題なのである。

　人がアイデンティティを模索しているときには、自分が置かれている環境に同一化して心の安定をはかる。将来への不安が強い時期に、「女性役割が求められているなら、とりあえず無難に」となるのは当然の心理である。それでも、人生の節目節目で立ち止まって考えてみてほしい。信頼できる人間関係のなかで、自分の声に耳をすませば、きっと中心軸は見つかるだろう。

---

[3] 日本労働組合総連合会（2019）『就職差別に関する調査2019』

4.2 ライフ・イベントと女性のキャリア

（1）非婚化、晩婚化

　人生における大きなライフ・イベントの一つに結婚がある。現代の日本は、「非婚化」「晩婚化」傾向にある。2020年のデータでは、35歳男性の婚姻率は55％弱、女性は65％ほどで、50歳時の未婚率は男性が28.25％、女性が17.81％である[4]。また、女性の39.2％は「理想的な相手が見つかるまでは結婚しなくてもかまわない」と答えている[5]。現在、結婚は必ずするものではなく、条件が整ったときに、個人の選択としてするものとなっているようだ。

　かつて見合い結婚が半数以上を占め、恋愛結婚は1割強しかなかった時代があったが、1965年に逆転し、現在では恋愛結婚の数が圧倒的に多い。しかし、2020年以降、インターネットで知り合って結婚する率が急上昇し、1割以上となっている[6]。結婚できないと考えている人の理由の第1位は、「出会いがないから」であることを考えると、マッチングアプリなどが自分で相手を決められる現代版の見合いとして機能しているのかもしれない[7]。

　現代では恋愛結婚が一般的であるが、結婚とは愛し合う二人がするもの・生涯を添い遂げることが理想であるという「ロマンティック・ラブ・イデオロギー」が生まれたのは19世紀のヨーロッパで、普及したのは20世紀に入ってからである[8]。恋愛関係から婚姻関係へという流れが日本に実体的に普及したのは、戦後の高度経済成長期以降であるといわれている。それまでは親が決めた人と結婚するのが普通であった。愛し合った相手と結婚することは人間の本質的なことのように思われてきたが、じつは文化的な側面が強いことがわかるだろう。

---

[4] 国立社会保障・人口問題研究所（2024）『人口資料統計集2024年度版』
[5] 国立社会保障・人口問題研究所（2023）『第16回出生動向基本調査』
[6] 同上
[7] リクルートブライダル総研（2022）『婚活実態調査2021』
[8] 谷本奈穂・渡邉大輔（2016）「ロマンティック・ラブ・イデオロギー再考―恋愛研究の視点から―」理論と方法31巻1号 pp.55-69

（２）個人のための家庭／家庭のための個人

　令和の時代を生きる女性と、明治から昭和の時代（終戦まで）を生きた女性にとっての結婚は、大きく変わっているところもあれば、変わっていないところもある。大きく変わった点は「家（イエ）制度」の廃止である。第二次世界大戦に敗戦する前、日本では明治民法により、家族とは戸主のもとに同じ氏をもつ戸籍に束ねられた「家（イエ）」のメンバーとされていた。戸主とはまず嫡出の長男であり、次に非嫡出の長男という順で決められた。年長の男性であることが最も重要だったようである。戸主はその家の財産を独占的に継承することになっており、妻の財産の管理権をもっていた。戦後、日本国憲法において個人の権利が保障される国になり、結婚は個人の合意に基づいて行われるものとなった。戸主は廃止され、戸籍は夫婦・親子のみで構成されるようになった。財産相続は配偶者と男女問わず子になされるようになり、妻の財産は妻自身が管理できるようになった点は大きな変化といえるだろう。

　ここまで読んで、制度は変わっても、今も変わっていない点に気づいただろうか。現代でも、①家族は戸籍法のもとで家族関係を規定、②強制的夫婦同姓、が残っている。そして、現在でも結婚したら9割超の夫婦が名字は夫側の姓にしている[9]。婚姻年齢は2022年にようやく男女ともに18歳以上となった。また、現在でも妻が生んだ子は夫のものであるという考えが残存しているのが、離婚後300日以内に生まれた子の父を元夫と定める嫡出子の推定[10]（民法第772〜774条）である。また、慣習の範疇だが、葬式の喪主は（地方によっては）長男、親戚が集まれば男性が飲食しているそばで女性が下働き、などはまだよく見られる光景だろう。いずれも家制度の名残である。

　そして、家庭内の性別役割分業もまだ色濃く残っている。日本では、家庭内における家事・育児は妻が多く引き受けているのが実態である。2020年になっても、家事・育児など無償労働時間は、妻は夫の5.5倍で、OECD加盟

---

[9] 内閣府男女共同参画局（2023）『夫婦の姓（名字・氏）に関するデータ』
[10] ただし、民法改正により、再婚後に出産した場合、再婚した夫を父と推定する例外規定を設けた(2024年4月1日より施行)。

国のなかで最も大きい差がある[11]。家族の生活の世話だけでなく、子どもの宿題管理、学校行事参加、受験準備など、教育面でも妻が大きな役割を担っている。これは明治時代以降続いてきた規範で、当時女性の権利はきわめて小さかったにもかかわらず、「女性は女子教育によって良き母となり、優秀な国民を育てるべき」という規範が存在した[12]。現代でも、女性が良き妻・良き母のプレッシャーから逃れるのは難しい。家族のための個人という側面を強く自覚してしまうことは、女性のキャリア形成にも大きく影響する。

（3）結婚・出産は人を成長させるのか

　女性が仕事を続ける背景には、自己実現と経済的な自立の二つの側面があるだろう。そのためのキャリア形成と結婚・出産の両立は、多くの現代女性が悩むところである。

　前述のエリクソンの発達理論では、青年期の次の段階の若年成人期には、親密性と孤独との葛藤のなかで、親密な他者との関係を築くようになるとされている。この理論が作られた当時、さまざまな親密性のひとつに「結婚」も含まれていたのだろう。

　しかし、結婚という制度の外で、親密な他者とのパートナーシップを築くことも可能である。残念ながら2024年の時点では、日本では同性どうしの結婚（同性婚）は認められていないが、複数の裁判所において同性婚を認めないのは憲法第13条、14条、24条に違反しているという判決が下っている[13]。その一方で、地方自治体レベルで同性の「パートナーシップ制度」を整える動きが拡大している。今まで婚姻した相手（配偶者）にしか認められなかった法的な利益を、同性パートナーがもてる制度である。人間関係のなかにずっと存在していた親密性に、制度がようやく追いついてきたといえる。親密性を男女の結婚に限定せず、人間が生きる実態に即して考えると、友人や同僚のなかで親密な関係性を築くことも、おおいにあり得ると気づく。

---

[11] OECD（2021）『Balancing paid work, unpaid work and leisure』
[12] 第13章を参照のこと。
[13] 憲法第13条では「幸福追求権」、第14条では「法の下の平等」、第24条では「婚姻は両性の合意のみに基づいて成立する」とされ「家庭生活における個人の尊厳」が謳われている。

子どもをもつことによって精神的に成長するというイメージをもつ人は多いだろう。既婚者にとって子どもをもつ理由は、第1位が「生活が楽しく豊かになる」で、大きく差を空けての第2位が「結婚して子どもをもつことは自然」となっている[14]。つまり、多くの人が幸せのために子どもをもつことに肯定的な認識をもっているといえる。

　エリクソンは、若年成人期の次の段階を成人期として、「ジェネラティヴィティ」を心理社会的発達課題とした。ジェネラティヴィティとはエリクソンの造語で、生殖性という意味も含まれるが、もっと広い意味で「次世代を育てるという創造的な営み」ととらえるほうが適している。この定義を参考にすると、「出産すること」、「子どもをもつこと」、「人を世話して育てること」の三つを分けて考えて、三つめの「人を世話して育てること」が次世代の育成に最も深くかかわることがわかる。具体的にいうと、生物学的に親になるだけで人間が成長するのではない。自分以外の誰かに心を配り実際の世話をして、社会で他者とつながれるよう育成することが、人間を成長させるといえるだろう。女性が人生を考えるとき、青年期から成人期にかけての人間の発達には、結婚・妊娠・出産が必須なわけではない。大切なのは、自分が他者とともに生きてきて培ったものを、次世代に受け渡す行動なのである。

4.3　女性の成長と人生

（1）関係性の網のなかで生きる

　女性の発達心理学者キャロル・ギリガンは、エリクソンなどが体系化した発達理論は男性中心に考えられたもので、そこにはない「もうひとつの声」があると主張した[15]。ギリガンは、女性たちにインタビュー調査をして、女性が葛藤場面で判断をする際には、関係性やつながりを維持することに絶えず目配りをしているということを発見した。それまで、人間の道徳性の発達

---

[14] 国立社会保障・人口問題研究所（2022）『第16回出生動向基本調査』
[15] C.ギリガン（2022）『もうひとつの声で』川本隆史・山辺恵理子・米典子（訳）、Gilligan, C. (1982) *In A Different Voice psychological theory and women development.* Harvard University Press.

の到達点は、「平等性の理論に基づいて公正性を原理的にとらえること」に設定されていて、女性が周囲の人との関係性を考えて、なにが正しいのか迷ってしまうのは「未熟である」と見られていた。

　現在でも女性は、社会のなかで未熟者の扱いを受けることがよくある。たとえば、車などの大きな買い物をするときに店員は男性（夫）に話しかける傾向にある。また、子どもに関する話し合いの場では女性（母親）だけの場合と男性（父親）がいる場合では、男性がいた方が相手（教師、職員）の態度が変わるのはよく経験することだ。問題は、そういった扱いのせいで女性が自分自身を低く見積もってしまい、自分には判断力がないと思ってしまうことである。

　しかし、じつは女性はたくさんの決定を日常生活で行っている。家事・育児を行っている場合、食事の献立を決めることはかなりのエネルギーを消耗する。料理にまつわる段取りにおいても小さな判断をたくさんしている。その日の家族の都合によって、判断を柔軟に修正したりもする。そして、子どもがいると、さらに決めなければならないことが増える。子どもの医療、教育に関しては、その重要性から非常に迷うことが多い。ワクチンを打たせるかどうか、学校を休ませるかどうか、習い事を続けるか、受験をどうするか、細かいことだが、生きていくうえで必要な判断を、関係性を考えながら行っている。ケア役割を引き受けた女性は、当然だが、ケアの能力を高めていくことになる。

　しかし、こういったケアの能力の発達は、世の中ではあまり重要視されていない。もし、家事・育児の負担が大きく、家庭外のキャリアが制限されてしまうと、女性の能力は日が当たらないままになることが多い。さらに、会社などの組織における意思決定の機会は不足したままとなる。その結果、経験を積み重ねることもできず、能力不足として、再就職も難しくなってしまう。そして、女性は自信をもてないまま、成人期を過ごす。ここで、再びアイデンティティの拡散の危機が訪れることもある。「家族の世話ばかりして、私になにが残ったのだろうか」と思う女性は少なくない。ケア労働が軽視され、市場経済に関係する労働だけが評価されるという社会構造の問題といえ

るだろう。

（2）ケアの倫理観から見た成熟

　ギリガンは、青年から大人へと成熟していく過程が、男性と女性では違うと述べている。男性は、青年期に自我と格闘し、若年成人期に愛と仕事がアイデンティティ形成と結びつき、ジェネラティヴィティへと転じる。一方で、女性は青年期にいたるまでに自分の欲望にふたをしてしまうという。女性にとっては、他者に対する共感、同情、ケアを中心とした責任感が優先される。その結果、実際の人間関係や人の気持ちなどを考慮したケアにもとづく倫理観が醸成されるのである。祖母や母親や女友だちが、その場が丸く収まること、皆が機嫌よく平穏であることを大切にしていたことに思い当たる人は多いのではないだろうか。

　しかし、ケアの倫理観は、女性の自己犠牲を意味しない。女性が自分自身のこともケアしようとするのがケアの倫理である。そのため、女性の人生は家族のために生きて終わるのか、それが嫌なら結婚や子どもとは関わりなく生きるのかという二択しかないのではない。女性も、平等・公正の原理を放棄することなく、ケアの倫理との両方を考えながら、より良い道を探ることが可能である。ギリガンは、これが「もうひとつの」人間の成熟の姿だと提唱している。

　キャリアを形成していきつつ、自分が人間としてどのように生きていきたいかを考えるとき、それはライフステージで変化していくものと考えてみてほしい。女性は、生き方を身体の変化や結婚・出産などの環境の変化に合わせなければならないことが多い。ケアに従事せざるを得ない時期もある。その経験を低く見積もらず、自信をもって、キャリア形成することが大切である。そうすれば、ギリガンが示す「成熟」に価値が置かれる社会に変えていくことができるだろう。

コラム　不妊治療と出生前検査

　不妊治療を受けたことのある夫婦の割合は年々増加傾向にある。不妊治療のなかでも、体外受精（IVT）や顕微授精（ICSI）は生殖補助医療とよばれる。生殖補助医療は、2004年から「特定不妊治療費助成制度」により保険適用となった（年齢制限と回数制限あり）。生殖補助医療によって生まれる赤ちゃんも年々増えている。民法は特例として、精子提供や卵子提供により出産した場合の親子関係について定めているが、「子が自己の出自を知る権利」（精子提供や卵子提供で生まれた子がその事実と提供者について知る権利）についての立法は先送りにされている。日本人は出自を伝えることが親子関係に悪影響を及ぼすことを恐れて、子どもが精子提供や卵子提供により生まれたことを隠す傾向にあるという。血縁へのこだわりが法整備の歩みを遅くしているのか。それとも子どもの権利が重要視されていないのか。遺伝上の親のことを知りたいという当事者の声は宙に浮いたままである。

　また、新型出生前検査（NIPT）も普及している。NIPTとは母体の血液検査で胎児の染色体や遺伝子を調べる非侵襲性の検査で、精度は高いといわれているが確定診断には羊水検査などの精密検査が必要である。偽陰性や偽陽性もかなり低い確率だが報告されており、精度は100％ではない。しかし、高齢妊婦のおよそ4分の1が受けているという。

　生殖医療の進歩により、親となる人自身が生命にかかわる選択ができるようになった。しかし、選択肢が増え自己決定に偏るほど女性の責任が重く、葛藤も深くなる。遺伝カウンセラーなど、情報面と心理面のサポートの充実が急務だろう。

第5章

女性と妊娠・出産・育児

◆◆Key Word◆◆

妊娠　出産　子育て　産後うつ　良い母親の呪縛　子育てネットワーク

　戦後まもなく日本では年間270万人もの赤ちゃんが生まれ（第1次ベビーブーム）、1人の女性が一生で産む子どもの数も平均4人であった。その後は第2次ベビーブームを経て出生数も女性が生涯に産む子どもの数も減り続け、近年では年間の出生数は70万人ほどになった。すでに第2章で学んだように、高齢化が進んでいることから、いわゆる少子高齢化時代を迎えている。
　1年間に生まれる子どもの数が今よりも3倍以上も多く、女性が一生涯で子どもを平均4人ももうけていた時代があったことについて、みなさんは想像がつくだろうか。子宝、とは言うものの、子どもを授かること、妊娠をする（継続する）こと、出産すること、子育てすることは大変なことである。
　本章では、子どもに関する統計や、女性たちの妊娠・出産・仕事に関する意識について知り、子どもをもつことをめぐる困難や葛藤についてふれる。そして、女性たちが子どもをもつことをためらうのはなぜか、子どもをもちたい人がもてる社会にしていくためにどうすればよいのかを考える。
　そのことへのヒントとしての、母親への過剰な期待やそのことによる精神的な負担・葛藤をシェアし共感しうる母親同士のつながりあいやネットワークを学び、子どもをもつことについて幅広い視点から考え、人生を歩みながら成長していくことの可能性について学ぶ。

5.1 少子化時代を迎えて

　第2次ベビーブーム以降、図5-1に示す通り、子どもの出生数ならびに合計特殊出生率は減少傾向にあり、2023年度の出生数は72万7,277人で、前年に比べ4万3,482人減少し、合計特殊出生率も1.2と落ち込んでいる[1]。

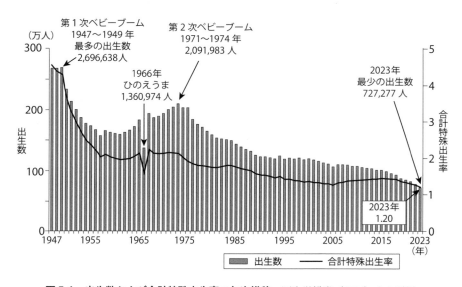

図5-1　出生数および合計特殊出生率の年次推移　厚生労働省（2024）より引用

　第1次ベビーブームのころに比べおよそ27%、3割未満に出生数が落ち込み、女性が生涯に産む子どもの数も4人以上から1人超となり、少子化の加速が止まらない。少子化をにらみ、政府はさまざまな策を打ち出しているが、はたして女性たちの意識はどうなのだろうか。

---

[1] 厚生労働省（2024）「令和5年(2023)人口動態統計月報年計(概数)の概況」
　（https://www.mhlw.go.jp/toukei/saikin/hw/jinkou/geppo/nengai23/dl/gaikyouR5.pdf；2024年11月8日最終閲覧）

（１）仕事・結婚・出産や子育てに関する女性たちの意識

2024 和洋キャリア調査では、Q17 において、仕事・結婚・出産や子育てに関する質問を行っている。この問いでは、「女性の生き方として、あなたの考えに一番近いものはどれですか」として、7 つの選択肢を示した。年代ごとの回答は図 5-2 のとおりである。

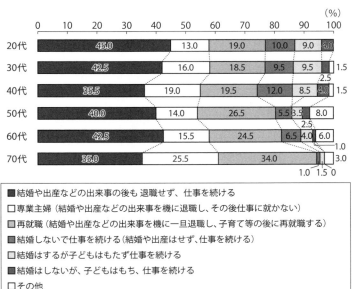

図 5-2　仕事・結婚・出産や子育てに関する意識

どの世代においても「結婚や出産などの出来事の後も、退職せず、仕事を続ける」の選択率が最も多く、40 代と 70 代を除き、4 割以上がこの選択肢を選んでいる。「再就職（結婚や出産などの出来事を機に一旦退職し、子育て等の後に再就職する）」を選択したのは 70 代が最も多く、50 代と 60 代が 2 割台、20 代、30 代、40 代は 2 割弱が選択している。「結婚や出産などの出来事を機に退職し、その後仕事に就かない」を選んだのは、70 代が最も多く 25.5％で、ほかの世代は 1 割台であった。

20 代、30 代、40 代は「結婚しないで仕事を続ける（結婚や出産はせず、

仕事を続ける）」、「結婚はするが子どもは持たず、仕事を続ける」の両方を合わせると、2割前後と高い比率を示している。

　結果をまとめると、世代にもよるが4割くらいの女性は結婚や出産・子育てを経ても退職せずに仕事を続けるという生き方を支持し、20代から60代までは、およそ2割が子育て後の再就職を支持している。70代ではこの生き方への肯定率は3割前半とほかの世代に比べて高い。一方で、20代、30代、40代の若い世代では、結婚のいかんにかかわらず子どもをもたないという生き方に対して2割ほどの支持が見られた。

　若い世代ほど子どもをもたない、という生き方への支持が高かったことは、先に指摘した少子化や合計特殊出生率の低下と符合するものである。では、若い世代の女性たちは、なぜ子どもを持たないという選択肢を支持するのだろうか。2024和洋キャリア調査をさらに深く分析してみよう。

（2）結婚はするけれども子どもを持たない生き方を支持する理由

　「結婚はするが子どもは持たず、仕事を続ける」と回答した20代（18名）、30代（18名）、40代（17名）を対象に、その理由（自由回答）を分析する[2]。自由記述計53名分を、回答の質に注目して分析し、カテゴライズしたところ、17の小カテゴリーが得られた。小カテゴリーの類似性に注目して中カテゴリー・大カテゴリーを作成して整理したのが表5-1である。

　「お金がかかるから」などの【①経済的理由】が9件で、【⑩子ども忌避】【⑰理由がない】も同数であった。【⑩子ども忌避】には、具体的な回答として、「子どもを持ちたいと感じたことがない」「子どもを欲しいと思ったことがないし、自分が育てることが想像できない」（ともに30代）があった。

　【②体や健康の理由】【⑥子育てへの責任の重さ】【⑦仕事と子育ての両立困難】【⑭この国で子どもを産むことへの絶望感】はいずれも4件で、⑥の具体的回答では、「人生約100年の命を産み落とす責任が持てない」（20代）という子どもの将来まで見据えた不安や責任に言及した理由もあった。⑭では、

---

[2] 子どもをもたない理由を明確に把握するために、「結婚しないで仕事を続ける（結婚や出産はせず、仕事を続ける）」と回答した人たちを分析理由から外した。

「今この国で子供を産んでも不幸になるだけだから」(20代)という社会への諦めや絶望感も見られた。

表5-1 「結婚はするが、子どもは持たず仕事を続ける」理由の分類

大カテゴリー	中カテゴリー	小カテゴリー	件数	件数
子育ての制約	子育ての物理的制約	①経済的理由	9	30
		②体や健康の理由	4	
		③時間とお金・体力	2	
		④年齢	2	
	制約	⑤制約	2	
	子育ての心理的制約	⑥子育てへの責任の重さ	4	
		⑦仕事と子育ての両立困難	4	
		⑧自信がない	2	
		⑨精神的に無理	2	
子ども忌避	子ども忌避・子育て忌避	⑩子ども忌避	9	11
		⑪子育て忌避	2	
相手との関係性	相手への嫌悪感	⑫相手への嫌悪感	2	3
		⑬相手から家事・育児を強要されることへの嫌悪感	1	
希望のなさ	将来・社会への絶望	⑭この国で子どもを産むことへの絶望感	4	4
人生の優先順位	自分の人生を優先	⑮自分の人生を大事にしたい	3	3
少数理由	個別理由	⑯その他	2	2
理由の有無	理由なし	⑰理由がない	9	9

(注) 分析対象は53人だが、複数のエピソードが含まれたためカテゴリー該当件数は53を上回る。

【⑯その他】の少数理由では、「親世代が今の若者に子どもを作れと脅迫まがいなことを耳にすることが増えた。その影響が大きく、夫婦の意思で決めることなら、私は仕事をしたい」(20代)というものもあった。

一方で、【⑮自分の人生を大事にしたい】では、「2人で向上したいから」(40代)、「晩婚を望むから」(20代)というような、夫との生活を大事にしたい、という将来の生き方への前向きな理由もあった。

結婚はするけれども子どもを持たない生き方を支持する20代から40代の

女性の多くが経済的理由を多く抱えていることをふまえ、妊娠・出産、子育てへの経済支援が必要であることは従来から指摘されていたことであり、さまざまな対策がとられているところである。

それ以外の理由として、子どもが欲しくない、子どもが嫌い、という理由が多かったことの背景として、少子化が進み、子どもと触れ合う経験が少なくなっていること、地域のコミュニティの機能が低下していることなどが考えられる。学校教育で異年齢をはじめとして、さまざまな子どもたちと触れ合う機会を増やしたり、地域のコミュニティでの活動の活性化が喫緊の課題である。

また長寿時代を迎えて、自分の人生はいうまでもなく、自分の子どもの人生にまで責任を負うことが難しいと感じたり、この国で新しく生まれた命が幸せになれるのかという不安も聞かれた。親世代から子づくりを強要されていることへの嫌悪感をにじませる声もあった。

国は確かに、「少子化」への懸念から、「少子化対策」に力を入れ、「子どもを産みたい人が産めるような社会」になるように対策を講じているが、何より大事なことは、若者をはじめとして一人ひとりが自分が住んでいる社会に対してどのように感じ、将来どのように生きたいのかを真摯に把握することであろう。

「この国で子どもを産むことへの絶望感」の背景として、ジェンダー不平等、正規雇用／非正規雇用に象徴される雇用の不平等、貧困、障害のある人や外国にルーツをもつ人への差別・偏見などが交差する社会への不信感や生きづらさが折り重なっているのではないだろうか。

また、「結婚はするが子どもは持ちたくない」理由の根底に、子育てを自分一人、あるいは家族だけで担い、責任をとらなければならない、という強い自己責任感とそれを全うできないことへの不安や焦燥感が横たわっている。そこまでに子育てにおいて孤立感を深め、親（とくに母親）が追い詰められている現状がある。そのことを、次の産後うつ病で見ていこう。

5.2 産後うつ病や虐待 ―孤独な子育て、良妻賢母をめぐる問題

　少子化時代を迎え、第10章にもあるようにデジタル化が急速に進み、コミュニケーションが希薄になり、その延長で子育てが難しい時代になってきている。従来からの核家族化も手伝い、一手に子育てを引き受けることになるのは母親、という状況（いわゆるワンオペ）は依然として続いている。前節においても、結婚はするけれども子どもを持たずに仕事を続ける理由に、子育てへの責任や自信のなさを理由としてあげる女性が多く見られた。母親の精神的・肉体的負担はとても大きい。

　関連して最近よく耳にするのが、産後うつという問題である。ここでは、周産期の問題にフォーカスした田口（2013）[3]を参照して産後うつ病について概要を把握し、現代の母親の葛藤がどこから来ているのかをさぐる。

（1）産後うつ病と周産期の問題　―田口（2013）より

　女性のライフサイクルにおいて、産後は精神障害がおこりやすい時期の一つとされている。産後うつ病の発症には出産・育児にともなう疲労などの身体的ストレス、慣れない育児から生じる心理的ストレスのほか、子どもの発達や健康への不安、夫との関係や経済問題などさまざまなことが発症にかかわっているとしている。そして司法精神医学の領域でしばしば遭遇する周産期の問題として、産後うつ病による子殺しがあげられている。

　論文で紹介された17例では、94%に育児不安、自信喪失、罪悪感、71%に絶望感、65%に子の発育に対する悲観的な現実認知・妄想、59%に子に対する否定的・攻撃的感情が認められるとしている。そして、うつ病症状だけでなく、そこから二次的に生じる愛着形成および母子相互作用の障害によって育児に困難を感じることが、産後うつ病における虐待や子殺しのリスクを高めているとする。

　論文内の資料では犯行に至る具体的な経緯も書かれている。多くの人が育

---

[3] 田口寿子（2013）司法精神医学における周産期の問題―産後うつ病をめぐって―『精神科治療学』　28(6)　pp.747-752

児不安を抱えていて、子どもの障害や発育での悩み、母乳の出が悪いなどの悩みをもち、育児がうまくいかないのは自分のせいだと思い、犯行に至る経緯が記されている。

（2）母親たちの葛藤の背景にあるもの ── 良妻賢母の呪縛

こうした母親たちの葛藤の背景に、「母親はきちんと子どもを育てて一人前」「子どもができても家事、育児をきちんとするのが妻（母）のつとめ」という社会的通念の影響を見ることができるのではないだろうか。

「良妻賢母」の通念で引き合いに出されるのが、イギリスのJ・ボウルビィによる母子関係の理論である。戦後、WHOから依頼を受けたボウルビィは、乳幼児期に母親（代理を含む）による十分な養育が受けられなかった場合に、人格形成に深刻な影響を与えるという、母性剥奪（maternal deprivation）理論を展開した[4]。この理論は世界的に受け入れられた一方で、女性を育児に縛りつけているという文脈で、批判もなされてきた[5]。

確かに、日本でもよく言われる「3歳までは母の手で」（3歳児神話）は、ボウルビィによる影響を受けているし、母親たちのキャリア（出産を機に仕事を辞めるなどの仕事を含め、広く生き方）に影響を及ぼした。もちろん、母親たちのキャリアは、3歳児神話だけではなく、保育園への入園の可否などの社会的な制度（インフラ）の影響や、家事・育児の夫とのシェア、またそれらを含みこんだ「子育ては女性の仕事」というジェンダー規範の影響を受けていることを忘れないようにしたい。

（3）良妻賢母の呪縛から逃れるために

「よい母親でなければなければならない」という思いは現代の若い女性においてもよく見受けられる。筆者が以前担当した女子大学のキャリア関連の授業[6]においても、「よい母親になれると思えないから子どもを持つことをた

---

[4] Bowlby, J. (1951) *Maternal Care and Mental Health*. World Health Organization. 黒田実郎（訳）（1967）『乳幼児の精神衛生』岩崎学術出版社

[5] 下司晶（2006）　J・ボウルビィにおける愛着理論の誕生－自然科学と精神分析　『近代教育フォーラム』15　pp.203-219

[6] 章末のコラムでは、筆者の授業を受けた学生のコメントを、許諾を得て掲載した。原文ママ

めらっている」というようなコメントがしばしば寄せられる。

　だが、授業を通して、産後うつ病やその背景としての3歳児神話、「良妻賢母」に関する学習を進めていくうちに、初めから完璧な母親などいないこと、子どもと接するうちに母親も成長していくことを学び、子育て観を成長させていく学生[7]もみられる。孤独な子育ては厳しい。第4章でも示唆されているように、自分が人間としてどのように生きていきたいかを考えるとき、それはその時々のライフステージで変化していくものと考えてみることも重要だ。今のあなたが連続して成長をとげながら、その時々のライフイベントに対応しうる力をつけていくことが可能であろう。これからのライフプランを考え、引き受けるかもしれない葛藤をイメージしておくことは、みなさんの人生を豊かにする。家族や親類、地域や自治体、あるいは気の合う仲間を見つけたり、ネットでなど、さまざまな人たちや団体とつながることで、子育てのしんどさや楽しさをシェアすることができるのではないだろうか。

（4）障害のある子どもをもつ母親の葛藤　—SNSでのつながりあい

　近年では、いわゆる「発達障害」が広く知られるようになり、自閉症スペクトラムやAD/HD、学習障害などの子どもの発達上の困難や教育の在り方がクローズアップされてきた。こうした子どもたちの母親たちもまた、「愛情不足」「しつけが悪い」といった批判を受けながら、子育てがうまくいかない原因を自分に帰したり、孤立や不安を高めたりしている状況が見られる。

　たとえば、「発達障害の子を育てる母親　つなぐ」（朝日新聞、2019年5月8日付）の記事では、10年前に3歳だった息子が保育園から帰って2時間以上も泣き続けていたとき、相談した臨床心理士に「私、このままでは虐待します」と訴えたところ、「この子には何の異常もありません。愛情不足です」と言われたというエピソードが掲載されている。5年後、アスペルガー症候群と注意欠陥・多動性障害の診断がついたが、その5年間は暗黒時代だったと振り返る。

---

[7] 田口久美子（2023）学校教育と平和 —ジェンダー平等から考える『日本の科学者』58(3) pp.29-35

そうしたなかで、同じような悩みを持つ母親たちがSNSでつながりあう試みも出てきている[8]。

　障害のある子どもの母親への支援は、母親と支援者でのフラットな関係性のなかで行われるべきである。だが実際には支援者側にあるジェンダー規範や上意下達的な"指導者性"を背景とした複雑的な権力構造により、母親が孤立を深めてしまうことがある[9]。支援者は「母親は愛情をもって子どもを育てるもの」といったジェンダーステレオタイプの子育て観を払しょくし、高度な専門性を携え、フラットで謙虚な姿勢で支援にあたることが求められる。

　発達に難しさをもつ子どもたちが多くなり、一人ひとりが呈する発達上の困難も多様であることが推測され、発達相談や療育等に関わる専門家の力量形成は言うまでもないが、いわゆる診断基準や典型的な症状にとどまらない子育て上の難しさを共有し合う場としてのSNSは非常に重要なツールである。

---

[8] NHK首都圏ナビWEBリポート「『発達障害の子の学び』孤立する親 つながりで作る情報サイト」(2023年5月19日発信)では、発達障害のある子どもをもつ親どうしがSNSでつながりあい、情報を共有し、悩みを相談しあう活動が紹介されている。
https://www.nhk.or.jp/shutoken/wr/20230519b.html (2025年1月8日最終閲覧)
[9] 沼田あや子 (2015)「イクメン時代における母子保健での母親支援の課題―父親が関わる発達相談事例を通して」『心理科学』36(2) pp.19-28

コラム　子育てに正解はあるか

　私は、子育てについて、他の子と自分の子の違いに悩んだり周りからいろいろと言われたりして悩む母親が多いのは、社会の中でぼんやりと理想的な母親像、理想的な子育ての仕方などが定着しているからなのではないかと思います。文中にあった「3 歳までは母の手で」という考え方もそうですが、本屋には子育ての how to 本が並んでいたり、テレビや雑誌でもうるさい子供はどうすれば良いか、こう育てれば良い子になる、などと言ったアドバイスがされていたりします。私はこのような言葉を見聞きするたびにおかしいと感じます。まず、正しい子育ての方法はないと思います。食事を与えず、子供の声に耳を傾けない育児が間違っていることは当たり前ですが、子供の人権を守り、愛情を持って接していればそこに間違いも正解もないのではないでしょうか。子どもも親も一人一人違う個性を持っていて、どんなふうに成長しても良いのに、こうすべきだ、という考え方に囚われるのは間違っています。親の思い通りに育てることが育児ではありません。親と子が真剣に向き合い成長して行くことが一番大事なのです。私は、世の中にある母親はこうあるべきだ、子どもはこう育てるべきだ、と言った概念がなくなれば、産後うつなどで苦しむ母親も減り、個々を尊重できるより良い世の中になるのではないかと思います。

（脚注 6 参照）

第6章

女性と仕事
― 働くことをめぐる葛藤 ―

◆◆Key Word◆◆

正規雇用　非正規雇用　派遣労働　年収の壁　管理職

　これまで、女性が学校を卒業し、社会に出て働くようになっても、結婚、妊娠、出産、子育て、介護などで、働くことをあきらめたり働き方を変えることが多いことを学んできた。高校や短大、大学で描いていたキャリアの変更は、こうしたライフイベントと呼応しながら、女性に偏っている。だが、結婚や妊娠・出産、子育て、介護は女性のみに付与された役割（ライフイベント）ではなく、伝統的な性別役割分業観（ジェンダー）の影響を受けていることも学んできた。

　本章では、まず、女子大学生の仕事と家庭をめぐる不安や葛藤をあぶりだす。そこから見えてくるのは、母親や父親の生き方をくぐらせながら、家庭内での力関係や、雇用の在り方、税金などの社会制度に阻まれて、女性が働きたいだけ働くことができる社会になっていないことへの怒りである。

　次に学校教育はすべての子どもたちが長期間関わる意図的な教育の営みである一方、ジェンダー不平等が再生産される仕組みをはらんでいることにかんがみ、学校での管理職のジェンダー比率を把握し、女性が校長になることの意義について考える。

6.1 女性と仕事 ——働き方をめぐる葛藤

　これまで、日本の女性の労働力率（ゆるやかな M 字型）、なかなか進まない男女平等や男女共同参画の状況、家族のなかでのキャリア形成、良妻賢母と 3 歳児神話、母親の葛藤、産後うつなどを学んできた。そうすると、女性のキャリアにいくつかのストーリーを描くことができるかもしれない。たとえば、M 字型のカーブと 3 歳児神話との関連、ワンオペ育児と産後うつ・発達障害のある子どもの母親の葛藤との関連、などである。

　女性が仕事を続けていくうえで、女性はどのような悩みに直面し、葛藤を抱えるのだろうか。この章では、社会に出ることを目前に控えた女子大学生の思いや 2024 和洋キャリア調査などを参照しながら、仕事や働き方をめぐる女性の葛藤を見ていくことにしよう。

（1）家庭と仕事の両立をめぐる葛藤　——母の思いを自らに重ねて

　まず、家庭と仕事をめぐっての女子大学生のコメント[1]を紹介する。

　・・・母は結婚と同時に仕事を辞めて専業主婦となり、私の兄と私の子育てに専念した。母は子供自体好きなタイプではなかったと話していた。しかし私達子供がわがままだったりして子育てが上手くいかなかった時も沢山あっただろうに、ここまで育ててくれたのは感謝の気持ちしかない。それと同時に思ったのは、もし私が結婚して専業主婦となり、母と同じ道に進む場合を考えたとき、私はその道を成し遂げられないだろうと考えてしまった。母が進んだ道は、家事や育児の負担が大きいのだと改めて感じたし、女性が多くの負担を背負う世の中が続いてしまっては、少子高齢化や女性の社会進出に影響してしまうと思った。実際私の母に「結婚してからもずっと働きたかったか」と質問すると、「できることなら働いていたかった」と答えた。結婚や子育てのため、自分のキャリア進出を諦めてしまったのだと思うと、胸が

---

[1] この章で紹介するコメント（原文ママ）は、2020 年度～2021 年度にかけて、首都圏の女子大学で行ったキャリア関連の授業で得られたコメントのうち、受講者の承諾を得られたものである。

苦しくなった（3年生、Aさん）。

　母親が仕事と家庭の両立がかなわずやむなく仕事を手放してしまった、というエピソードはAさん以外からも多くの受講生から聞かれた。Aさんは、自分の母親のたどった道を成し遂げられるかどうかを問い、葛藤し、のみならず、自らの存在が母親に意図しない生き方を強いてしまったのではないかと苦しんでいる。母親の葛藤は、子どもにも葛藤をもたらしているのだ。

　道半ばで仕事をあきらめざるを得なかった女性たちの背景には、「子どもは母親が育てるもの」、「女性は子どもが生まれたら仕事を辞めて家事・育児に専念するもの」というステレオタイプのほかに、どのような事柄があるのだろうか。

　2024 和洋キャリア調査を用いて離職の理由について考察した論考[2]では、40代から70代において、結婚・出産・子育てによる離職が多く見られること、また年齢層が高くなるほどその傾向が強いことを明らかにしている。一方で、20代では人間関係の悩みとハラスメントが離職理由の上位1、2位を占め、30代でも人間関係の悩みが最も多く、ハラスメントと子育てが同率で2位であった。40代では出産・子育てと人間関係の悩みが同率で離職理由の上位を占めていた。

　20代、30代の女性ではこれから結婚や妊娠・出産・子育てを迎える女性も多いと思われるが、こうした若い世代の女性たちが仕事上で抱える人間関係の悩みやハラスメントについて、大学関係者や企業で早急な対応が必要である。

（2）年収の壁に阻まれて

　次にあげるBさんのエピソードでは、母親の「もっと働きたい」という思いが家庭内の権力構造や制度の壁で阻まれることへの葛藤が描かれている。

　私の家族は4人姉弟なので母は一人目を出産してからそれまで働いていた会社を辞め、できるときにパートをしてきたと言います。一番下の弟が高校

---

[2] 奈良玲子・田口久美子・福原充（2025）「女性のキャリア形成に関する実態調査と課題－1都3県在住者へのWeb調査を通して」『和洋女子大学紀要』66（印刷中）

3年生になったので、もうそろそろ私も扶養を超えて働きたいと父に言っているのですが父はなかなか理解してくれません。母は新しく仕事を始めるのであれば今じゃないとできないと思っているようであり、・・母が働くことを好きなことを私は知っているので好きにさせたいと思う反面、夫婦間での話し合いもあると思うので見守ろうと考えています。・・また、世の中には働きたい女性や主婦がたくさんいると思います。しかし国の税金などの決まりである年収を超えると扶養から外れてしまう仕組みになっており、本当はもっと働きたくても抑えながら仕事をしている女性が多いように感じます。抑えつつ自分で調整しているにもかかわらずどこの会社でも人手不足だと言って残業や出勤をしてほしいと言われます。これはこの社会の矛盾点だと感じます。（3年生、Bさん）

　3年生のBさんのコメントでは、母親のもっと働きたいという自由意思が父親から理解を得られないことへの母親の葛藤が、同性である娘の目を通して描かれており、女性の不利な状況や社会の矛盾が見事に描かれている。特筆すべきは、年収の壁が、父親（夫）の妻への就労の制限の後押しとして機能している点である。結婚・出産・子育てでやむなく仕事を辞めることになった女性たちが、子育てが一段落してから思う存分働こうとしても、家庭内の力関係やそのことをさらに下支えする制度が女性たちの前に立ちはだかっているのである。
　こうした年収の壁に関する議論が、2024年10月27日に行われた衆議院選挙の後に活発に行われるようになった。この選挙で与党は過半数を割り、「与党による賛成多数」による政治がままならなくなり、野党（例えば103万円の壁の上限引き上げを主張する国民民主党）の方針にも耳を傾けざるを得ない情勢になった。「賛成多数」という数の暴力による政治が、野党議員が増えることにより、少しずつ変わり始めていることは、多様な民意を反映する政治の展開という意味においては歓迎されることである。
　こうした収入に関するさまざまな"壁"に関する制度が今後どのように収束していくのかは現時点（2024年12月）でまだ未定である。だが、"壁"を

設定する限りは、その"壁"は永遠に、人々が思う存分働く意思をゆがめることには変わりはない。自らの自由意思で働きたいだけ働くことができる環境づくりや制度設計は、人権を重視する社会の構築において重要であることはいうまでもない。

6.2 さまざまな働き方を学ぶ ―派遣労働を中心に

　この節では、正規雇用・非正規雇用にふれた後、いくつかの雇用形態のうち、以下の理由から派遣労働をとりあげる。①この労働形態が、雇用主と直接契約を結ぶ形態（正社員、パートなど）ではないということから、雇用形態に特有な難しさ（働きにくさ）があるという点、②非正規雇用の形態では、パートに次いで女性の比率が多いという点、である。これらをおさえたうえで、派遣労働者として働く女性たちの葛藤や、関連する資料を見ていこう。

（1）正規雇用・非正規雇用について

　総務省[3]による2024年10月の労働力調査では、女性の雇用者2,778万人のうち正規雇用の職員・従業員は1,334万人（48%）とおよそ半数にとどまる。一方で、男性は雇用者3,054万人のうち正規雇用は2,354万人（77.1%）と約8割にのぼる。雇用者全体の男女比はあまり変わらないのに、女性の非正規職員の比率が極端に多いという特徴があり、このことが男女の賃金や管理職比率などに影響を及ぼしていることは明らかである。

（2）派遣労働という働き方について

　戦後、労働者供給事業は原則禁止されていたが、職業の専門分化をはじめとする社会的要請や、期間の定めのない雇用契約などの経済界からの要望により、1985年に労働者派遣法が成立し、翌年施行された。
　派遣労働は、雇用主が被雇用者を直接雇う直雇用ではなく、間接雇用とい

---

[3] 総務省（2024）「労働力調査（基本調査分）2024年10月」
https://www.stat.go.jp/data/roudou/sokuhou/tsuki/pdf/gaiyou.pdf(2024年12月16日最終閲覧)

う形をとる。その関係は、図6-1[4]のとおりである。

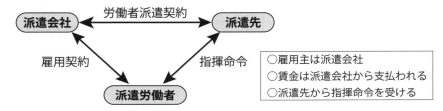

図6-1　派遣労働の構図　厚生労働省（2010）より引用

　先に参照した労働力調査によれば雇用形態別の女性比率は、派遣労働者では60.1％（女性99万人に対し男性64万人）であり、パート（女性881万人に対し男性131万人）の女性比率（87.1％）についで高い。つまり、雇用形態別に男女の比率を見ていくと、女性比率が最も多いのはパートで、その次に多いのが派遣労働者である。また、パートは直雇用であるが、派遣労働者は先に見たように、派遣元会社と契約し、派遣先の会社で働く間接雇用である。

　派遣労働者の場合、雇用契約は派遣元と結ぶのに、働く先は派遣先であり、派遣先の会社から指揮・命令を受ける。直雇用ではなく、かつ女性比率の高い就労形態である派遣労働においては、女性がさまざまな葛藤をもちながら働いているのではないかと推測される。

　以下に示すのは、田口（2017）[5]において、ハラスメントを受けた2人の女性（Gさん、Mさんのイニシャルは、引用した論文のイニシャルに準じる）のエピソードをまとめたものである。

---

[4] 厚生労働省（2010）「派遣労働者の皆様へ」より引用
https://www.mhlw.go.jp/bunya/koyou/haken-shoukai15/dl/01a.pdf（2024年12月16日最終閲覧）
[5] 田口久美子（2017）「派遣労働の現状と課題 ―派遣労働者として働く人たちの自己概念に注目して」『大原社会問題研究所雑誌』No.718　pp.41-53

（3）ハラスメントと派遣労働

① マタニティー・ハラスメントを受けて：Gさんの事例

　Gさんは妊娠し、産休・育休をとりたいと派遣先に申し出たところ、派遣元会社から更新を渋られ、さらに週3日勤務を週5日勤務に戻すよう迫られていると語った。本来であれば、派遣元会社はGさんの要望を受け止め、派遣先会社と調整を図る必要があったが、結果的に不利益な契約更新を申し渡されることになったという。妊娠・出産する女性へのハラスメントが雇用形態とあいまって、働き方を困難にしているケースと考えられる。

② セクシャル・ハラスメントを受けて：Mさんの事例

　Mさんは、会社員の夫を支えて派遣労働の働き方を選んでいたが、派遣先で言葉によるセクシャル・ハラスメントを受け、そのことを派遣元企業を通じて派遣先企業に訴えたところ、結果的に不利な契約に変更させられたという。最終的には第三者的な機関に相談したが、勤めていた派遣先会社への勤務をあきらめ、金銭的な解決で収束した。Mさんは、本当は派遣先の会社に勤め続けたかったのである。こうした経験からMさんは自らを、スマホやウォーターサーバーにみたて、「消費される対象」（（脚注5）p.49）ととらえている。

　企業にとって「都合の悪い」労働者は契約を更新しない、という悪しき例の象徴であろう。職場でのハラスメントは、いかなる労働形態であっても許されないことで、日本ではハラスメント予防や対策について、2019年に法律改正を行い、対策を強化している。

　就労形態にかかわらず、職場でハラスメント対策が行われることは重要なことであるが、派遣先（職場）と直接に雇用契約を結んでいない派遣労働者がハラスメントを受けても、派遣先や派遣元にそのことを相談しにくいという状況も、より一層改善していく必要がある。そのためにも、ハラスメントそのものを禁止するというより強い措置が必要である。

6.3 管理職になることについて —学校管理職の場合

（1）学校管理職の実態

　現在、学校現場では不登校児童生徒数やいじめ件数の増加など非常に困難な状況が続き、教員のなり手が少ない。だが、学校は、女性が仕事をしやすい職場として、多くの女性たちが教員の道を歩んできた歴史がある。女性たちのキャリア形成の実態をみてみよう。

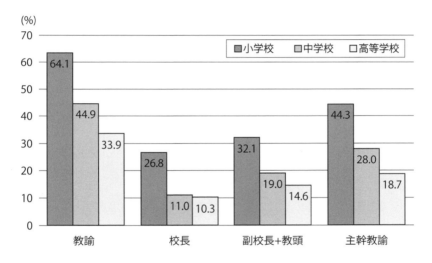

図 6-2　学校段階・職位別女性比率　文部科学省（2023）より作成

　図6-2は、2023年度の公立の小学校、中学校、高等学校での職位別の女性割合[6]を表したものである。とくに小学校では女性教諭比率が高く、6割以上にのぼるが、中学校（44.9％）・高校（33.9％）と学校段階が上がるにつれて女性教諭比率は下がっていく。

　小・中・高ともに、女性校長の比率は女性教諭比率に比べて非常に少なく、

---

[6] 文部科学省（2023）学校基本調査（2023年12月20日公表）
https://www.mext.go.jp/b_menu/toukei/chousa01/kihon/kekka/k_detail/2023.htm（2024年12月16日最終閲覧）より数値を算出した。

小学校では 26.8％、中・高は 1 割強と少ない。副校長、教頭は校長比率よりも若干高いが、それでも各学校の女性教諭比率の半分程度かそれ未満にとどまっている。管理職への登竜門とされる主幹教諭では、女性比率は若干高まるものの、小学校においても 5 割に満たない。

（2）女性が校長になるということ

　学校教育は、義務教育段階ではすべての子どもたちが、友達や教師と関わり、社会性を育む重要な場である。長期間にわたり学校で目にする光景やさまざまな経験をとおして、子どもたちは学力のみならず仕事やリーダーシップへの意識を育んでいく。だが校長が男性に偏る現状は、ジェンダーの再生産の危惧をはらみ、子どものキャリア形成にも影響を及ぼす。

　公立高校の女性校長へのインタビューをとおした研究[7]からは、彼女たちが身近な男性校長をロールモデルとしながら、見事に学校の最終責任者としての力をつけ、教員たちを束ね、協力しあう集団に育て上げ、校長としての力量を身に付けて行くプロセスや実績が示されている。

　多様性や平等を学ぶ学校では、管理職のジェンダーギャップの解消は喫緊の課題である。管理職の登竜門となる主幹教諭へのキャリアアップ、教頭・副校長・校長へのキャリアアップを支えるためには、教員の人事制度のみならず、業務の効率化や時間の短縮などの教員の働き方、家庭内での家事・育児の負担の軽減、保育制度や学童保育の制度の充実などもまた重要な課題である。コラムでは、公立高校の校長を務めた R 先生のエピソード[8]を再構成した。具体的な事例から、女性が管理職になることについて考えてみよう。

---

[7] 河野銀子・村松泰子編著（2011）『高校の「女性」校長が少ないのはなぜか～都道府県別分析と女性校長インタビューから探る～』　学文社
[8] 田口久美子（2017）「第三章　一任システムと見定め」『女性校長はなぜ増えないのか』河野銀子編著　勁草書房　119～149　R 先生のイニシャルは原典ママ。

コラム　R先生のエピソードから

　公立高校で教諭をしていたR先生は、結婚を機に別の県の採用試験を受け直して合格した。二人の子どもをいわゆるワンオペで育てながらの教員生活は過酷だった。思春期を迎えた次女が不登校になり、教員の継続をあきらめることも考えたが、上司である教頭（男性）から、担任を降りても教諭を続けるようにと励まされ、仕事の中断を踏みとどまったR先生であった。

　その後、県の高校改革で力を発揮し、校長への道を歩むことになる。自らが親として経験した次女の不登校の経験が、普通科高校になじめない子どものことを念頭に置いた当時の高校改革に実を結んだという。

　教員を続けながらの結婚（転居）、採用試験の受け直し、妊娠、出産、ワンオペでの子育てといばらの道の連続であったが、上司、同僚などのサポートに支えられた教師人生であった。

　家庭での育児上の苦労や葛藤は、同じく「子どもを育てる」ことを旨とする学校教育での管理職へのキャリアアップにつながったが、個々の子育て経験は、第4章で示唆するように、「世話をする」経験として子育て以外のさまざまな仕事や活動に活かすことができる。子育ての経験は、生涯的な発達にさまざまに影響をもたらすのである。もちろん、子育てをしない場合も、仕事上やさまざまな活動において、「世話をする」活動は、人々のキャリアを豊かにする営みである。

第7章

女性と生涯学習

◆◆Key Word◆◆

**生涯学習　成人教育　リカレント教育
リスキリング　ウェルビーイング**

　学びとは、学校教育のなかだけで完結するものだろうか。最近では「人生100年時代」といった言葉が注目されているが、実は、生涯を通じて学習することの重要性は、1965年、パリで開催されたユネスコ（国際連合教育科学文化機関、United Nations Educational, Scientific and Cultural Organization：U.N.E.S.C.O.）の成人教育推進国際委員会において「生涯教育」（life-long integrated education）が提唱されたことを契機に、長く考えられてきている。本章では、生涯学習の変遷や最近の調査結果等から、現代における女性と生涯学習の関係について考えてみたい。

7.1　生涯学習とは何か?

　1965年に開催されたユネスコの成人教育推進国際委員会において、ポール・ラングラン（Paul Lengrand）より「生涯教育」（永続的教育）という概念が提唱された。ラングランは、教育は従来の学校教育や社会教育といった枠組みをこえて、成人になるための準備としてとらえるのではなく、生涯を通じて人がもつ可能性を導き出すための活動の重要性を主張したのである。このことがきっかけとなって日本でも1970年代以降、成人も教育の対象とする

考え方（成人教育）について検討がされるようになった[1]。

「生涯教育」と訳された用語も、ユネスコでラングランの後を継いで生涯教育の責任者となったE.ジェルピ（Ettore Gelpi）の「生涯教育という言葉がともすれば、時の支配的な権力の支配の道具に転化しかねない政治性を批判的に見すえるべきである」といった視点や「抑圧されている人々を解放し、社会変革をしていく主体形成として生涯学習を進めるべきである」といった主張等から「生涯学習」という用語が用いられるようになっていったといわれている[2]。

そのほかにも1961年に設立された経済協力開発機構（OECD：Organisation for Economic Co-operation and Development）が1970年代に提唱したリカレント教育の構想等は、世界での動きとともに日本の生涯教育の考え方に影響を与えたとされる。このリカレント教育の構想は、「教育と労働・余暇などの社会活動とを交互に行う施策」で、青年の社会参加を早めること、労働経験が学習動機となって教育の成果が上がることが期待されており、変化の激しい高度社会に対応する教育のあり方を構築しようとするものでもあった[3]。

日本においては、1980年代の中曽根康弘内閣によって設置された臨時教育審議会（臨教審）において生涯学習体系への移行が打ち出され、これを受けて1990年に中央教育審議会にて「生涯学習の基盤整備について」の答申が出されたこと、「生涯学習の振興のための施策の推進体制等の整備に関する法律」が制定されたこと等によって生涯学習が具体的に導入されていくことになった。

現在、生涯学習における学習は、3つに分類することができるとされる。表7-1は、文部科学省の「ICTを活用した「生涯学習プラットフォーム（仮称）」の構築に関する調査研究」にて紹介されている生涯学習の分類図であ

---

[1] 成人を教育の対象とすることについては、社会教育の文脈から、成人（市民）が行政による教育の対象（教育者の意図が潜む状況下で活動すること）となることへの批判も存在した。
[2] 小玉重夫（2021）「社会教育と生涯学習」『教育学をつかむ〔改訂版〕』木村元・小玉重夫・船橋一男著、有斐閣、p.232
[3] 文部科学省「一 生涯学習概念の系譜」学制百二十年史編集委員会
https://www.mext.go.jp/b_menu/hakusho/html/others/detail/1318300.htm（2025年1月6日最終閲覧）

る[4]。生涯学習の範囲の広さを改めて確認することができるだろう。表 7-1 で示されているように、「フォーマル教育」は公教育、学校教育で行われている教育を意味し、「ノンフォーマル教育」は学校外で行われる教育のなかで、特定の集団に対して一定の様式の学習を用意する、組織化・体系化された教育活動（大学で行われる公開講座等）を意味している。そして、「インフォーマル教育」は、家庭や職場、遊びの場での学びのように、日常生活のなかで発生する学びを指し、ノンフォーマル教育とは異なり、組織化されていない習俗的、無意図的な教育機能のことを意味している。

2023年6月16日に閣議決定された第4期（令和5年度〜令和9年度）教育振興基本計画[5]では、「持続可能な社会の創り手の育成」と「日本社会に根差したウェルビーイングの向上」[6]といった2つコンセプトに基づき、①グローバル化する社会の持続的な発展に向けて学び続ける人材の育成、②誰一人取り残されず、全ての人の可能性を引き出す共生社会の実現に向けた教育の推進、③地域や家庭で共に学び支え合う社会の実現に向けた教育の推進、④教育デジタルトランスフォーメーション（DX）の推進、⑤計画の実効性確保のための基盤整備・対話といった5つの基本方針のほか、16の目標と基本施策、指標が示されている[7]。

---

[4] 『平成29年度 文部科学省「生涯学習施策に関する調査研究」 ICTを活用した「生涯学習プラットフォーム（仮称）」の構築に関する調査研究』(2)、株式会社学研プラス、2018年3月（PDF）p.24
https://www.mext.go.jp/a_menu/ikusei/chousa/_icsFiles/afieldfile/2018/06/04/1405414_2.pdf
（2025年1月6日最終閲覧）
[5] 教育基本法（平成18年法律第120号）に示された理念の実現と、教育振興に関する施策の総合的・計画的な推進を図るために、同法第17条に基づき、日本政府として策定する計画
[6] ウェルビーイングについては、個人や社会が幸せや豊かさを感じられる良い状態であることを含む包括的な概念等と説明している。（『第4期 令和5年度〜令和9年度 教育振興基本計画 令和5年6月16日閣議決定』、リーフレット（PDF）、文部科学省、p.2）
https://www.mext.go.jp/content/20230928-mxt_soseisk02-100000597_07.pdf （2025年1月7日最終閲覧）
[7] 上記資料、pp.4-6

表 7-1 「多様な生涯学習機会の分類」 文部科学省(脚注4)より引用

	フォーマル教育 （公教育、学校教育）	ノンフォーマル教育 （学校外教育）	インフォーマル教育
概要 （出典： 日本生涯教育学会 『生涯学習研究 e 事典』 渋谷英章）	高度に制度化され、年齢によって構造化され、階層的に構成された、小学校から大学に至るまでの教育。実際には学校における教育を指す。	学校教育（フォーマルエデュケーション）の枠組みの外で、特定の集団に対して一定の様式の学習を用意する、組織化され、体系化された（この点でインフォーマルエデュケーションと区別される）教育活動を指す。	あらゆる人々が、日常的経験や環境との触れ合いから、知識、技術、態度、識見を獲得し蓄積する、生涯にわたる過程。組織的、体系的教育ではなく、習俗的、無意図的な教育機能である。具体的には、家庭、職場、遊びの場で学ぶ、家族や友人の手本や態度から学ぶ、ラジオの聴取、映画・テレビの視聴を通じて学ぶなどがあげられる。
主な学習機会の例	学校教育 ・小中高等学校教育 ・大学教育　等	学校外の学習機会（組織化・体系化されたもの） ・大学公開講座 ・放送大学科目履修 ・認定社会通信教育　等	学校外の学習機会（左記以外のもの） ・講演会、研修会等 ・学習者同士の相互学習 ・図書館での学習　等
学習成果の証明方法	・卒業証書、学位	・修了証書、履修証明 ・関連する検定試験の受検 ・SNS を活用した相互保証　等	・関連する検定試験の受検 ・SNS を活用した相互保証　等
学習成果活用の場面	・進学、就職　等	・進学、就職 ・スキルアップ・転職（学び直し） ・地域課題解決に向けた活動　等	・スキルアップ・自己啓発 ・ボランティア活動 ・生きがいづくり　等

　生涯学習もこの計画のなかに組み込まれており、中央教育審議会生涯学習分科会(令和4年8月30日　第11期中央教育審議会生涯学習分科会における整理)のウェブページには、今後の生涯学習・社会教育の振興方策（重点事項）について、図7-1のように示されている[8]。

---

[8] 文部科学省 (2023)『今後の生涯学習・社会教育の振興方策（重点事項）について』(PDF)、文部科学省、3月8日、p.1　https://www.mext.go.jp/content/220328-mxt_syogai03-000024695_5.pdf（2025年1月6日最終閲覧）

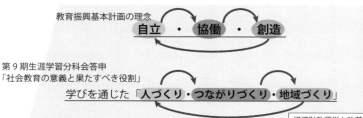

図7-1 「ウェルビーイングの実現に向けた生涯学習・社会教育の推進」

文部科学省(脚注8)より引用

　図7-1を確認すれば、生涯学習が個人に焦点をあてた教育的な側面に加え、デジタル社会に対応した地域づくりや人材ネットワークの創出、地域と学校教育の連携等、これからのコミュニティをデザインしていくための重要な要素としても、その機能が期待されていることがわかるだろう。

　それでは、実際に生涯学習は私たちの生活のなかでどのように機能してい

るのだろうか。次節以降では、女性と生涯学習との関係性にも目を配りながら、また、2024 和洋キャリア調査の結果等も用いながら確認していく。

7.2 社会人のキャリア形成と生涯学習

　近年、生涯学習は国の政策とも関連しながら、大学をはじめとする高等教育機関においてキャリア教育や就職支援といったかたちで取り組みが強化されてきている。これにともない、働き方それ自体も「学ぶ→働く→退職」といった単線型の人生から、「学ぶ→働く→学ぶ→働く」といったライフスタイルへの移行が予測されていることから、先にあげたリカレント教育やリスキリングに注目が集まってきている[9]。

　図7-2は、「生涯学習に関する世論調査」(2022年7月)において、「社会人になった後の学校における学び直しの理由」について質問したものである[10]。

　調査対象は全国18歳以上の日本国籍を有する者、3,000人に対して行われており、学校を出て一度社会人となった後に学校において「正規課程で学び直しをしたことがある、または現在学び直しをしている」、「正規課程で学び直しをしたことはないが、公開講座や社会人を対象とした学習プログラムなどの短期の講座で学び直しをしたことがある、または現在学び直しをしている」と答えた235人の回答（複数回答）である。

　「現在または当時の仕事において必要性を感じたため」を選択した者の割合が49.4％、「人生を豊かにするため」を選択した者の割合が38.7％、「就職や転職のために必要性を感じたため」を選択した者の割合が 36.6％、「教養を深めるため」を選択した者の割合が34.0％といった順になっており、自身のキャリア形成や教養を深めること、自分の人生を豊かにするために社会人になった後も学び直しを選択している者が一定数存在し、学べる環境を求めていることがわかる。

---

[9] 橋本嘉代（2024）「はじめに」『ライフプランと自己実現－女性のキャリアと生き方』橋本嘉代・高丸理香・岡村利恵編、有斐閣、p.v
[10] 「生涯学習に関する世論調査（令和4年7月調査)」（内閣府）
https://survey.gov-online.go.jp/r04/r04-gakushu/2.html#midashi9（2025年1月7日最終閲覧）

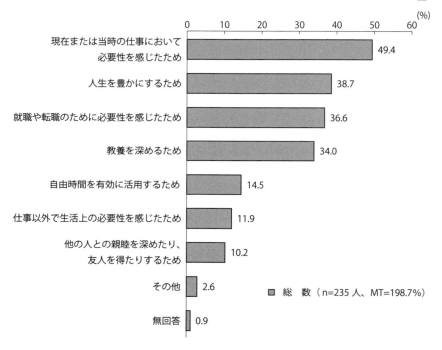

図7-2 社会人となった後の学校における学び直しの理由

「生涯学習に関する世論調査(令和4年7月調査)」(内閣府)より引用

　次に、表7-2を確認してほしい。これは「2024 和洋キャリア調査」において「リカレント教育及び女子大学に期待する教育内容について、社会人になった後、女子大学で学ぶとしたら、以下のうちどれを希望するか」という設問(要約)に対し、その回答結果を全体・世代別に分け、まとめたものである(複数回答可。リカレント教育とは、卒業後に学び直し・スキルアップを行うことを指すとした)。

全体としては、多いものから「特定の学問分野における専門知識や技能」（46.3％）、「教養」（30.6％）、「就業力アップ」（26.4％）、「特になし」（28.2％）の順になっており、学校（大学等）を卒業後、社会人になった後も、専門的な知識や技法、就業力アップに関するスキルについて学びたいと考えている女性が多いことがわかる。

　また、世代別でみた場合、どの世代においても、最も多かったのが「特定の学問分野における専門知識や技能」であった。その理由を特定することは困難ではあるが、年代が上がるごとに数値が高くなっている点も興味深い。仕事のほか、家事や育児がひと段落したことが影響しているのであろうか。あるいは、60代、70代については、大学進学率が今より低く、また男性に比べて女性の進学率が低かったために要望が高いことも推察できる。いずれにしても、複数回答のアンケートとはいえ、「特になし」を選んだ者（28.2％）以外は、卒業し、社会人になった後も何らかのかたちで大学（女子大学）で学びたいと考えていることが明らかとなった。

表7-2　社会人になった後、女子大学で学びたいもの

2024 和洋キャリア調査より作成

			教養	就業力アップ	特定の学問分野における専門知識や技能	特になし
全体		1200 (N)	367 (30.6%)	317 (26.4%)	555 (46.3%)	338 (28.2%)
年代	20代	200 (N)	64 (32.0%)	66 (33.0%)	72 (36.0%)	65 (32.5%)
	30代	200 (N)	78 (39.0%)	67 (33.5%)	81 (40.5%)	60 (30.0%)
	40代	200 (N)	54 (27.0%)	61 (30.5%)	90 (45.0%)	56 (28.0%)
	50代	200 (N)	64 (32.0%)	48 (24.0%)	96 (48.0%)	58 (29.0%)
	60代	200 (N)	56 (28.0%)	41 (20.5%)	103 (51.5%)	56 (28.0%)
	70代	200 (N)	51 (25.5%)	34 (17.0%)	113 (56.5%)	43 (21.5%)

このような社会人からの学びの要望については、高等教育（大学）側も教育の場を広く国民一般に開放していくことを目的とした大学開放政策を背景としながら、また、国際的な動向にも影響も受けながら、日本においては1990年代以降、取り組まれてきた[11]。

特に女子大学においては、近年「女性のためのリカレント教育」が意識され、日本女子大学や京都女子大学等でリカレント教育課程が開設されるようになってきており、働いている女性をターゲットにした、特色ある大学開放事業として注目されている[12]。女性の社会的活躍を推進するだけでなく、現代の社会的課題の一つである労働力不足を改善することも目指されており、平日通学するコースや決まった曜日に通学するコース、再就職を支援するコース、女性のリーダーシップを育成するコース等、それぞれの目的や状況に応じた多岐にわたるプログラムが各々の女子大学の特徴を活かすかたちで展開されている。

第14章で示しているように、女性を取り巻く社会状況について課題が山積している現代においては、教育機関を卒業した後も、専門的な知識や技術を学べる環境があることを生徒・学生の頃から知っておくことは、自身のキャリア形成を考えていくうえでも重要となる。

では、次に表7-2で「特定の学問分野における専門知識や技能」を選択した女性たちが具体的にどのような専門知識や技能を学びたいと考えたのか確認してみよう。

先の「2024 和洋キャリア調査」において、「特定の学問分野における専門知識や技能」を学びたいと回答した者（555人）に対し、学びたい分野（その他を含めた23分野：複数回答）を選択してもらった。

回答率が高かった上位5位までは順に、1位がITスキル（246人：44.3％）、2位が外国語（223人：40.2％）、3位が心理学（218人：39.3％）、4位が健康

---

[11] 出相泰裕（2023）「現代日本におけるリカレント教育の意味－OCEDの理念からの変容を踏まえて－」（第4章）『学び直しとリカレント教育－大学開放の新しい展開－』出相泰裕編著、ミネルヴァ書房、pp.73-92

[12] 小椋幹子（2023）「大学におけるリカレント教育課程－女性を対象とした働くための学びの場－」（第6章）『学び直しとリカレント教育－大学開放の新しい展開－』出相泰裕編著、ミネルヴァ書房、pp.108-123

（200人：36.0%）、5位が栄養（174人：31.4%）であった。現在もニュース等で紹介され、度々話題となるITスキルや外国語のほか、日常生活に直結する分野についての専門性知識や技能について学びたいと回答する女性が多かったことがわかる。

2000年代以降、共働き世帯の増加傾向が続いたことで、女性だけでなく男性もそれまで女性に任せることが多かった家事や育児にかかわることが一般化されたと考えられており、ここ数年、女性の就業率は過去最高水準を記録し続けている。しかし、その一方で男女の賃金格差が課題として取り上げられている[13]。

この男女の賃金格差については、いまだ男性と比べて育児や家事に女性が費やす時間が圧倒的に多いこと等が要因となり、職場で長時間働くことが困難なために発生していることが指摘されている[14]。やや飛躍した推測にはなるが、ICT環境等の他、労働環境や国際化の進展にともなうコミュニケーションスキルの影響等、日常生活に直結する分野の専門性や技能が選ばれる背景には、女性を取り巻く労働環境の変化によるものがあるのかもしれない。

少なくとも、世論調査や「2024和洋キャリア調査」からは年代にかかわらず大半の女性が教育機関を卒業後も学び続けたいと考えていること、社会人になっても学び続ける状況があることは明らかである。このような状況を大学（特に女子大学）も受け止め、生涯学習やリカレント教育、リスキリングの分野における大学開放にむけた更なる強化、女性が社会で活躍していくための方策を高等教育機関としてより真剣に検討し、実現させていく必要がある。

---

[13] 岡村利恵（2024）「2 女性の「労働力化」と賃金格差」（第6章）『ライフプランと自己実現―女性のキャリアと生き方』、有斐閣、pp.85-88
[14] 前掲脚注13、p.88

7.3 本章のまとめ

　本章では、生涯教育から生涯学習への変遷とその意味、生涯学習における学習の3つの分類と現代の日本社会での生涯学習の位置づけのほか、生涯学習への意識について、世論調査や「2024 和洋キャリア調査」の結果を用いて確認してきた。

　変化が激しく、先行きが不透明といわれる現代社会においては、女性も男性も生涯にわたってキャリアをデザインし続けることが重要になる。特に日本社会において、女性が社会のなかで活躍していくこと、人権が保障されることについては男性以上に課題が山積している現実がある。これらの課題にどのように向き合い、解決に向けた取り組みを実施していくのか、女子大学の存立意義から生涯学習をとらえることの重要性も考えることができるだろう。

　また、生徒や学生、社会人の視点から考えてみれば、課題はあるものの、現代社会は自分のライフプランや目的・関心に応じて、より自由に学び続けることができる社会になりつつあるととらえることができる。読者の皆さん（特に生徒・学生の皆さん）には、在学時より、どこでも、どのような年齢でも学び続けられる環境や教育プログラムが私たちの社会には存在することを自覚し、自らの豊かで幸福な人生につながる学びに希望と好奇心をもって積極的に飛び込んでいってほしい。

第8章

女性と介護

◆◆Key Word◆◆

「ケア」労働　介護　家父長制　4つの「助」
ワーク・ライフ・ケア・バランス

　「介護はだれが担う仕事なのか」あるいは「介護者という言葉は誰を連想させるか」このような問いを投げかけられたら、あなたは何と回答するだろうか。女性介護士、女性ヘルパー、なかには「自身の母を思い浮かべる」と答える人も少なくないかもしれない。現在、介護職は男女問わずの業種であるが、私たちの多くはマスコミ、そして実生活の経験を通して女性が介護の担い手として稼働している姿を連想してしまいがちではないだろうか。

　本章では、日本の歴史や伝統、文化的背景を踏まえたうえで、女性と「ケア」労働に含まれる介護との結びつきについて明らかにする。同時に今後、老若男女を問わずして全ての日本国民が直面すると予測される未曾有の人生100年時代を迎えるにあたり、読者の一人ひとりが自身の「ワーク・ライフ・ケア・バランス」を考える契機になることを目指す。

8.1　家父長制と家庭内「ケア」労働

　「ケア」とは英語の"care"を語源とし、世話・看護、心配・心遣いなどの意味をもち、相手や対象への配慮、または支援を表す言葉として幅広く使われている言葉である。図8-1が示すように、女性は無業者（家庭で介護に従

事する者）としても有業者（介護と仕事を両立させている者）としてもケア労働に含まれる介護に従事している割合が男性よりも高い。2022年を例にとった場合、無業者として家族の介護を担っている者は264万人で、そのうち、女性が約70％にあたる187万人、男性においては約29％の77万人であり、有業者に至っては365万人中、女性では約57％の208万人が、男性は約43％の157万人が介護と仕事を両立している。

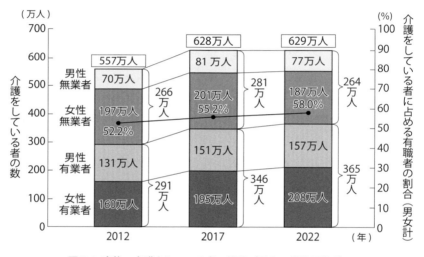

図8-1 家族の介護をしている者の推移（男女、就業状態別）

資料）「家族の介護をしている者の推移（男女、就業状態別）」（2022）内閣府男女共同参画局より抜粋（https://www.gender.go.jp/about_danjo/whitepaper/r06/zentai/html/zuhyo/zuhyo00-07-08.html 最終閲覧日2024年12月20日）

介護におけるジェンダーギャップは、中世に起源をもち、近世において武士階層で定着した「家父長制」、すなわち「家父長権を有する男性が家族を統制・支配する家族形態」として定義される制度が、明治時代に法制度化された歴史的背景に由来する[1]と考えられる。この制度のなかでは、家族は一つの

---

[1] 申蓮花（2006）「日本の家父長的制度について─農村における「家」の諸関係を中心に」『地域政策研究』高崎経済大学地域政策学会　第8巻　第4号　p.100

単位として認識され、父、あるいは夫である男性が支配的な立場で家長を務める一方、女性は従属的な役割を与えられることが一般的であった。母・妻として、家庭内での子育て・介護などのケア、さらには家事などの仕事を担うことが期待され、外で働く家長を支える役割が当然のものと考えられていたのである。男性は外部での「生産労働」に従事し、女性は家庭内におけるケア労働「再生産労働」、つまり家族の日常生活を維持するために不可欠な家事労働などを担っていたのだ。これらの性別役割分業は、男性中心の支配構造を維持し、女性の社会参画や自由を制限していた。

時代は大きく変化し、私たちの生活も発展を遂げたが、この概念がいまだに残存していることも否めず、それが冒部における「介護」についての回答に反映されているのではないだろうか。

8.2 「ケア」労働のジェンダー化と、脱ジェンダー化の可能性

本節では、介護や看護といったケア労働におけるジェンダーバイアスについて考察するとともに、家庭内介護における男性の参入についての現状を理解し、介護労働の脱ジェンダー化の可能性について議論を行う。

ジェンダー化された労働としての看護職について佐藤（2015）は、看護師の90％が女性であることをふまえると、女性は相手のために自らを捧げる「愛他的行動＝世話」がアイデンティティの形成の一部となっていて、ジェンダーに応じたプラティック（実践・具体的な取り組み）は評価され、そうでない場合は評価を受けにくくなる[2]と論じている。

看護・介護職などのケア労働に女性が多く従事している背景には、家父長制を基盤とする日本社会で、これらの職業が女性に適しているとされてきた歴史的・伝統的経緯がある。さらに「女性特有」の思いやりや慈悲深さが、家族や他者の世話に適した特性とみなされてきたことも要因の一つであると位置づけられる。しかし、こうした評価は「女性特有」とされる生物的な要

---

[2] 佐藤典子（2015）「2025年問題と看護師の過労・離職の現状―ジェンダー化された職業に関する一考察―」『千葉経済論叢』(52)、1-23　pp.13-15

素によるものではなく、むしろ、女性がケア労働を担うことが自然であると考えられてきた社会的・文化的価値観に基づいており、これが女性の職業選択や性別役割分業に対する意識に大きな影響を及ぼしてきたと考えられる。

21世紀を迎え日本でも、男性介護者（妻を介護する夫、親を介護する息子）が増加していることに斎藤（2009）は言及し、今後ますます「配偶者間介護」と「実子介護」などに代表される男性介護者の割合が増加することが見込まれる[3]と説いている。

図8-2は調査時期の間隔は一定ではないが1968年から2016年の家庭における介護者の推移を示している。注目すべきは、表内の1968年当時において従事者性別欄に男性の選択肢が設定されていなかった点である。つまり、男性は介護の担い手としては想定外とされ、女性のみが対象とみなされていたことが推察される。

斎藤（2009）が予測したとおり、配偶者間介護、実子介護などがともに増加傾向にあることが見て取れる。一方、嫁による介護は明らかに激減していて2016年の調査では16.3％にまで減少している。

男性介護者に関する統計資料は決して多くなく、各種統計調査においても、男性介護者の推移がわかる一貫したデータは存在しない[4]。しかしながら、図8-2を総合的に分析すると、夫、とりわけ息子による介護への参入傾向が顕著であることが理解できる。

これらの現象は歓迎すべきことであろう。しかしながら、男性が介護に従事する際に直面する問題の深刻さについては十分な注視が求められる。その一例が近年報道で取り上げられることが多い介護殺人である。

2019年から2022年までに起こった介護殺人の件数は50件、加害者は男性64％、女性36％と男性が女性のおよそ2倍弱になっている[5]。

家庭内介護を担う人々の多様性は、時代の移り変わりとともに変化を遂げ

---

[3] 斎藤真緒（2009）「男が介護するということ－家族・ケア・ジェンダーのインターフェイス－」『立命館産業社会論集』第45巻第1号　pp.171-173

[4] 脚注2を参照

[5] 湯淺美佐子（2023）「介護殺人の背景要因に関する一考察－家庭介護支援制度の現状と課題について－」『佛教大学大学院紀要　社会福祉研究科篇』第51号（2023 3月）p.59

てきた。その要因として、核家族化や生涯未婚率の上昇といった社会的動向があげられる。これらの変化は、家庭内介護のあり方に多様性をもたらし、ジェンダーバイアスの解消に寄与している側面がある一方、息子や夫による介護は、殺人という形での暴力性をよりはらんでいることが示唆されている。また、独身男性が介護者となる場合、介護を分担する相手がいないこと[6]なども問題であると指摘されている。

調査項目、年 従事者性別	寝たきり老人 実態調査 1968年	老人介護の 実態調査 1977年	在宅痴呆老人の 介護実態 1987年	国民生活 基礎調査 2016年
女性	嫁(49%) 配偶者(27%) 娘(14%)	嫁(37%) 妻(24.7%) 娘(17.8%)	嫁(45.9%) 妻(16.9%) 娘(15.4%)	嫁(16.3%) 妻(27.4%) 娘(19.9%)
男性	男性は選択項目としての設定なし	夫(5.7%) 息子(4.0%)	夫(4.5%) 息子(10.1%)	夫(15.6%) 息子(17.2%)

図8-2　家庭内介護の内訳（1968－2016年）

資料）佐藤真緒（2009）及び「男女共同参加局 4. 介護が必要な者がいる家族（1）介護を行う者の概要」（2017）男女共同参画局（https://www.gender.go.jp/about_danjo/whitepaper/r02/zentai/html/honpen/b1_s00_02.html 最終閲覧日2024年12月28日） を参照し筆者作成

　介護を必要とする人々に対して、多様な背景をもつ支援者がフォーマル（社会的・公的サポートなど）、インフォーマル（家族や血縁関係・知り合い・ボランティアによるサポート）を問わずサポートを提供することは理想であり、歓迎されるべき傾向であろう。しかし同時に、介護者の孤立を防ぐための支援や、後述するワーク・ライフ・ケア・バランスへの取り組みなど、私たちは未曽有の長寿社会に直面している現実を深く認識しなければならない。これらの現実のなかで、誰もが介護者または被介護者となる可能性を踏まえながら双方にとってより良い環境を構築することが喫緊の課題である。

---

[6] 厚生労働省（2018）「中高年者縦断継続調査（中高年の生活に関する継続調査）特別報告の結果」（2018年3月公表）
(https://www.mhlw.go.jp/toukei/saikin/hw/judan/chukou18tokubetu/dl/06.pdf 2024年12月30日最終閲覧）

8.3 介護離職の実態

前節では、介護におけるジェンダーバイアス、脱ジェンダー化の現今と今後を検証した。本節では、内閣府（2019）[7]に依拠しつつ、職業をもちながら介護を担う人々が離職を選択せざるを得ない実状を観察し、次節の4つの「助」へとつなげる。

図8-3は、介護離職の推移を示したものである。全体的に視座した場合、「介護・看護」を直接的な離職理由としている割合は、決して高くはない。しかしながら、介護や看護のための離職は2017年には9万人超を記録するなど2010年代からおよそ2倍に増えている。

ここで介護離職を選択した男女比に注目してみよう。直近の2017年における介護離職者数は女性が約5.4万人、男性が3.7万人とされている。このデータに基づけば、女性の介護離職者が全体のなかで占める割合は約59%に達していることになる。

前節で学習したとおり、男性の介護への参入が徐々に浸透してきている傾向が図8-3からも読み取れるが、総体的にみると、やはり女性の介護離職者は男性を圧倒的に上回っている。政府は「介護離職ゼロ」に向けた具体策として①介護の受け皿の拡大、②仕事と介護の両立が可能な働き方の普及などを提示しているが、必ずしもこれらの整備が十分に浸透しているとはいえず頓挫しているのが現状である。

さらに、生涯未婚率（50歳時点での未婚率）が進み、2035年には約30%が単独世帯、約40%が夫婦と子世帯になるという見込みに加えて介護従事者の約70%が40〜50代のいわゆる働き盛りの世代で占められるであろうことを踏まえると、今後、仕事をしながら介護を担う人々がますます増加することが予測される。

このような見通しの明るくない未来図を見越して日本政府は2019年、仕事

---

[7] 内閣府（2019）「介護離職の現状と課題」（https://www8.cao.go.jp/kisei-kaikaku/suishin/meeting/wg/hoiku/20190109/190109hoikukoyo01.pdf 2024年12月19日最終閲覧）。2017年度の介護離職の調査結果をもとにした報告書

と介護の両立支援の見直しとして1回に限り93日までの介護休業を取得できる制度に加えて、対象家族1人につき通算93日まで、3回を上限として介護休業の分割取得を可能とする支援制度の施行を打ち出した。

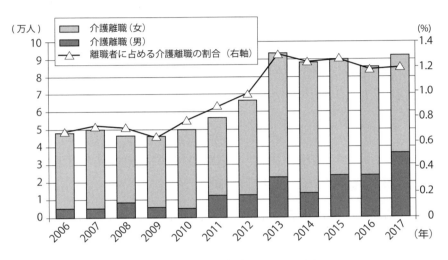

図 8-3　介護離職の推移（2006－2017 年）

資料）「介護離職の現状と課題」内閣府（2019）より抜粋（https://www8.cao.go.jp/kisei-kaikaku/suishin/meeting/wg/hoiku/20190109/190109hoikukoyo01.pdf p.4 最終閲覧日 2024 年 12 月 19 日）

しかしながら、先述した2019年の内閣府の報告書では500人以上の従業員を抱える規模の事業所であっても介護休業制度の利用度は 30％程度と低く、介護をしている最中の雇用者であっても彼らのうち 90％はこれらを利用せずに、フレックス制度、在宅勤務・テレワーク、深夜業の制限などの柔軟な働き方をあえて選択している現状が報告されている。介護休業制度を利用しない理由として「自分の仕事を代わってくれる人がいないため」と20.8％が、「介護休業制度を利用しにくい雰囲気があるため」と18％の人々が回答している。また、それらを上回っているのが、「介護休業制度がないため」の45.7％である。

このようなシステムを導入していない企業には早急な対策が求められるこ

とはいうまでもない。一方で、制度が整備されていても、同僚などへの配慮やネガティブな「雰囲気」により介護休業取得をためらう労働者が多い職場環境を鑑みると、例え政府の介護休業制度が画期的であっても、人間関係の不全や休業希望者を受け入れる体制の欠如が離職の要因となっている実状は否めず、これらは日本社会全体の構造的問題であるともとらえられよう。関係者間での真摯な議論を通じて解決の糸口を探ることが重要な課題である。

この節では、仕事をもつ女性の介護離職の現状、政府が取り組む仕事と介護の両立支援、そして介護を担う従業員が離職を選択する要因が、一部、企業内の人間関係に起因している現状を学習した。さらに次節でキャリア継続と4つの助（自助・互助・共助・公助）の相互関係について考察する。

8.4 諦めないキャリアと4つの「助」

（1） 自助・互助・共助・公助の活用

ここまでの学習を通じて、歴史的、伝統的かつ文化的背景に根差したケア労働とされる介護が、ジェンダーバイアスに基づいて形成されてきた経緯を理解できたのではないだろうか。また男性が家庭内で介護の役割を担い始めている現状とそれにともなう課題、さらに介護離職の実態についても学びを深めてきた。

本章の締めくくりとして、ここでは実際に介護に従事する女性の事例を参考に、私たちが、キャリア形成を断念することなくワーク・ライフ・ケア・バランスを維持するために、いわゆる自助・互助、共助・公助の4つの助をどのように理解し、それらをどう活用していけば良いのかを考える。

この節では、年を重ねても安心して住み慣れたまち（地域）に住み続けることをスローガンに「住まい・医療・介護・予防・生活支援」を一体的に住民に提供するAIP（Aging in Place）という区独自のケアシステムを導入している板橋区の取り組みを基に4つの「助」について考える。

4つの「助」の基盤とされている「自助」、「互助」は、それぞれ、被介護者が自分自身で身を守り問題に対処すること、近隣、友人同士で助け合うこ

とと定義されている。「共助」は、地域や団体、自治体が主体となり、助け合いの仕組みを整えることであり、そして「公助」は、国や自治体が主体となり、公的サービスを行う支援である。これらの4つの「助」は、相互に補完し合うことで社会の安全や福祉を支えている。

　まずは、「自分のことは自分でする」自助が最も重要であって、ここを充実させることが、その後に続く3つの「助」を有効活用することにもつながると考えられている。「互助」・「共助」に続き、最後に「公助」に頼るのが一般的なケアシステムの流れである。ただし、少子高齢化や財政状況から、今後「共助」「公助」の大幅な拡大を期待することは難しく、「自助」「互助」の果たす役割が大きくなることを意識した取り組みが課題となることは必至である[8]。

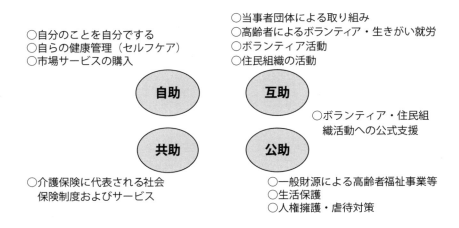

図8-4　4つの「助」：自助・互助・共助・公助からなるケアシステム

資料）「地域包括ケアシステムの5つの構成要素と「自助・互助・共助・公助」平成25年3月地域包括ケア研究報告書より」厚生労働省（2013）より抜粋
（https://www.mhlw.go.jp/seisakunitsuite/bunya/hukushi_kaigo/kaigo_koureisha/chiiki-houkatsu/dl/link1-3.pdf　2024/12/22 最終閲覧）

---

[8]　「自助・互助・共助・公助」からみた地域包括ケアシステム」（2020）板橋区公式ホームページ（https://www.city.itabashi.tokyo.jp/kenko/kourei/care/1016142/1003416.html　2024年12月24日最終閲覧）

板橋区が示唆している、可能な限り住み慣れた地域で生活を継続することは何人にとっても理想的であるといえるだろう。しかしながら、「自助」、「互助」を充実させるにはやはり家族のサポート、妻、嫁、娘である女性の助けが必要になるケースが多発することも否めないのではないだろうか。

　以下に、筆者が2024年9月に関東甲信地方で、「介護に携わる女性の実態調査（未公表）」を行った際、協力を仰いだYさんのインタビュー内容の一部を紹介する。

　Yさんは現在64歳。都内の女子大学を卒業した後に総合職社員（正規雇用）として4年間の社会人生活を経た後、結婚を機に退職し、地元に戻り2人の子どもを育てあげた。子どもたちはすでに独立し、夫婦2人の生活を送っていたが、2020年に義母が、その2年後には実母がともに脳梗塞を発症し、現在は2人の母を自宅で介護している（義母：97歳、要介護2、実母：91歳、要介護2）。

　2020年当初、Yさんは第2のキャリアとして地元の社団法人（正規雇用）で事務職を担っていた。その後、発病した義母との同居にともない14年間務めた同法人を退職し、さらにその2年後には実母も加わり、夫婦と2人の母との生活を背負う2度目の専業主婦としての生活が始まった。

　まず、ここで注目したいのが、Yさんのキャリアである。1都3県、1,200人の女性を対象とした2024和洋キャリア調査を基にした奈良ら（2025）の論考[9]からも、60代女性が現役で働いていた時期に離職した理由は、多い方から出産、子育て、結婚という順位であることが明らかになっている。Yさんの場合もこれにあてはまり、新卒で入社した職場は結婚を機に、そして第2の職場においては介護を理由に離職した。Yさんは「結婚に際する離職、嫁の務めとしての介護離職はいたし方ないと思っていたのでキャリアを断念したとは思っていない。特に最初の離職に関しては、当時の女性社員の多くが結婚を理由に離職する、いわゆる寿退職[10]が一般的であったので、自ら疑問

---

[9] 奈良玲子・田口久美子・福原充（2025）「女性のキャリア形成に関する実態調査と課題－1都3県在住者へのWeb調査を通して」『和洋女子大学紀要』　第66集（印刷中）
[10] 女性が結婚を機に企業などを退職すること

を呈するようなことはなかった」と2つの離職について言及した。

　家庭生活とキャリアの相互作用は、個人の価値観や家族関係、経済的要因、地域性といった多様な要素が複雑に絡み合うテーマであり、単一的かつ普遍的な解を導き出すことは困難である。Yさんは2度にわたる離職経験を「いたし方なかった、キャリアを断念したとは思っていない」と振り返るが、先述した日本特有の家父長制の影響を受けている可能性を完全に否定することはできないのではないだろうか。

　さらに、図8-4で示された「共助」の領域における2人の母親の複合的な介護に鑑みたデイサービスやデイケア（リハビリテーションを含む）、ショートステイといったサービスが不可欠な支援として機能している現状が語られた。「母が私の祖母を介護した時代には、今のような行政によるサポートはなかったはず。それを思えば、今は良い時代になったといえると思う。一方で、家族・近隣住民との交流および相互扶助関係は明らかに縮小されたと思う。そして、これは地域性ゆえであるかもしれないが、介護は、嫁が担うべきだという考えがこの地域には根づいているように思う」と心境を吐露した。

　斎藤ら（2014）は、働く介護者が仕事と介護を両立することに関して、①家族関係・環境、②働き方支援、③介護サービス、④コミュニティという4つの領域の必要性を指摘している[11]。Yさんは現在、専業主婦であることから②についてはあてはまらないが、①、③そして④のバランスの良い支援を享受することが必然であると考えられる。またこれらのフォーマル、インフォーマル混合の支援は有業者、無業者、いずれの介護従事者にとっても必要不可欠な条件であり、自身を労わりつつ介護を継続していく秘訣となるのではないだろうか。

　板橋区が推奨する「自助」や「互助」を下支えするインフォーマルなボランティア精神をともなう支援の重要性は、Yさんの事例を通じても明らかである。Yさんは、義母と実母の介護を一手に引き受け、自身はいずれの「助」の恩恵も受けていないからである。

---

[11] 斎藤真緒、津止正敏、小木曽由佳、西野勇人（2014）「介護と仕事の両立をめぐる課題－ワーク・ライフ・ケア・バランスの実現に向けた予備的考察－」『立命館産業社会論集』p.119

未曾有の少子高齢化社会を迎える日本社会において、家族間、コミュニティの人間関係が希薄化する現状を補完し得るケアシステムを構築するためには、最終段階としての「共助」、「公助」をさらに手厚くすることが避けられないのではないだろうか。Yさんの事例をもとに、介護の現場で私たちが家族の一員としてどのような役割を担いつつ、自身のキャリアを追求することができるのかを公的支援や共同支援の在り方を考えながら、仲間たちと意見を共有しよう。

（2）ワーク・ライフ・ケア・バランス

　前項ではYさんのケースを基に、介護が社会的・文化的そして地域的な価値観に浸ったまま嫁（妻・娘）に依存する形の「自助」から脱却できず、女性に負担が重くのしかかる現状をとりあげた。斎藤ら（2014）[12]は、介護支援における介護と仕事の両立は、間接的・経済的支援としてとらえるだけでは不十分であり、「ワーク・ライフ・バランス」という言葉に対して「ワーク・ライフ・ケア・バランス」という言葉を提唱している。

　女性が介護を担いながら家庭生活を充実させつつ仕事上のキャリアを築くことは、決して容易な課題ではない。ワーク、ライフ、ケアのいずれもおろそかにすることができない重要なテーマであるがゆえである。私たちは、日々変化する情報を的確に整理し、介護のみならず、社会生活全般においても「自助」、「互助」、「共助」、「公助」の調節を行い、それらを自分自身や家族のために適切かつ効果的に活用することが、今後ますます重要視されるのではないだろうか。

　本章冒頭で投げかけた「介護を担う人物像」に対する回答が、特定の性別や特定の家族（母親・妻など）に限定されることがない社会の構築は喫緊の課題である。同時に、個々人が、「ケア＝女性」という社会的・文化的な価値観に頼ることなく、フォーマル、インフォーマル支援を上手に使い分け、意識的にワーク・ライフ・ケア・バランスを維持することが、豊かで充実した人生100年時代を切りひらくための鍵となるのではないだろうか。

---

[12] 脚注11を参照（p.121）

第 9 章

女性と暴力

◆◆Key Word◆◆

DV　デートDV　配偶者間の暴力　不同意性交等　構造的暴力

　配偶者間の暴力の相談件数は増え続け、女性のおよそ3割、男性も約2割が被害に遭っている。交際中のいわゆるデートDVの被害も後を絶たない。こうした暴力を受けているのは女性が多い一方、男性からも被害の訴えがあることには留意が必要だが、女性の被害がとりわけ深刻で、繰り返し暴力を受けたり死の危険を感じた割合が高い。

　暴力は、配偶者や交際相手など身近な人から受けることが多い。配偶者間の暴力やデートDVはなぜ生じるのか、その背景について知ることは、暴力を回避するだけでなく、自らが加害者になることを防ぐことにもつながる。暴力は心身に大きな傷を与え、ときに立ち直れないほどの傷をもたらす。

　また、最近では、スマホやインターネットの普及により、盗撮や盗撮した画像の拡散などの新しい形の暴力が拡大している現状があり、暴力の実態は、さまざまな様態を呈し、複雑化している。

　暴力が多様な形で現れることを知ること、いかにして暴力から身を守り、加害者になることも回避し、さらには暴力を根絶し、暴力のない生活や社会を構築していけるのかを考えることは、女性が豊かなキャリアを形成するうえで必須である。本章の学習を通してそのことをしっかりと考えていこう。

9.1 さまざまな暴力

　暴力というと、殴る、蹴るなどの身体的暴力を思い浮かべるが、暴力は身体的な攻撃にとどまらず、精神的な暴力をはじめとして複数の暴力を含むことが知られている。本節では家庭内、あるいは交際相手との間で、またさまざまな場で生じている暴力について知り、なぜ暴力が生じるのかについて考えていく。暴力は心身に重大な影響をもたらし、学業や仕事をはじめとして生活への影響が大きいことをふまえ、すべての人々のキャリア形成において重要な事項ととらえ、考察していこう。

（1）配偶者間の暴力

　内閣府男女共同参画局（以下男女共同参画局）では、1999年度以降3年ごとに「男女間における暴力に関する調査」を実施している。直近となる2023年度の調査（以下、2023年度調査）では、結婚したことがある女性のおよそ3割にあたる27.5％が、男性は約2割（22.0％）が、配偶者から被害を受けたことがあり、女性の1割強（13.2％）が、また男性の7.2％が繰り返し受けていることが明らかになった（図9-1）。また、被害を受けた女性の15.6％が、男性では7.5％が命の危険を感じた経験があると答えている。女性全体の3％（44人）が命にかかわる暴力被害を受けていることを改めて確認しておきたい。

　被害を受けたときの行動では、「相手と別れた」のが女性では2割に対し、男性では1割、「別れたい（別れよう）と思ったが、別れなかった」が女性が5割弱に対し、男性は3割、「別れたい（別れよう）とは思わなかった」が女性23.9％に対し、男性では約2倍の45.7％であった。被害を受けたとき、女性の方が相手と別れる割合が高いが、女性の被害者のおよそ半数は迷いながらも踏みとどまっている。一方で、男性の方が別れることへの抵抗が強いことが読み取れる。

　被害を受けた女性の、「別れたい（別れよう）と思ったが、別れなかった」割合が多いことの背景には、さまざまな事情が考えられるが、女性たちが暴

力を受けながら、別れられないというアンビバレントな葛藤を抱えて生きているということの背景に、経済的な事情や子どものこと、世間体、どうしても別れられない（逃げられない）事情など、さまざまな状況が横たわっているのだろう。

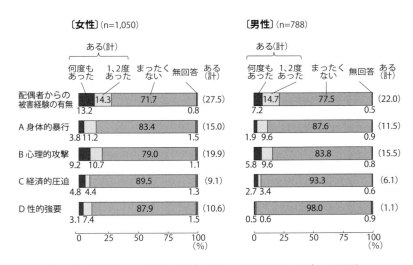

図 9-1　配偶者からの暴力の有無（男女共同参画局 2024[1]）より引用）

（2）交際相手からの暴力

2023 年度調査による交際相手からの暴力被害の実態については、配偶者間よりも数値は低いが、女性の 22.7％、男性の 12.0％が被害を受けた経験があると回答している。また、被害を受けたことがある人のうち、交際相手と同居（同棲）経験がある人では、女性の 75％が、男性は 82.8％が同居期間中に被害を受けたと回答している。交際相手からの暴力は、交際相手との同居（同棲）によりリスクが高まる恐れがある。被害を受けた女性の 23.3％が「命の危険」を感じており（男性は 7.2％）、とくに女性では配偶者による暴力より

---

[1] 内閣府男女共同参画局（2024）「男女間における暴力に関する調査報告書」
https://www.gender.go.jp/policy/no_violence/e-vaw/chousa/pdf/r05danjokan-gaiyo.pdf（2024 年 11 月 11 日最終閲覧）

も高い割合で命の危険を感じている点でも非常に深刻である。さらに被害を受けた女性の4割弱（37.4%）が、男性でも4割強（43.2%）が、どこにも相談していなかった。

被害を受けた女性が相手と別れたのは53.3%（男性は41.4%）と配偶者に比べると多いが、別れたい（別れよう）と思ったが別れなかった女性が22%も存在する。交際中に相手から暴力を受けながらも（やむを得ず）別れない選択をしている女性たちが、4割ほど存在することの背景について、さらに深く見ていこう。

9.2 デートDVのサイクルと心理

井ノ崎敦子は、親密な関係におけるデートDVとして、身体的暴力、精神的暴力、性的暴力、経済的暴力の4つをあげ、これらの暴力が絶えず行われるのではなく、図9-2に見るように、「緊張期」、「暴力爆発期」、「ハネムーン期」の「3つの暴力のサイクル」のなかで行われるとしている[2]。

緊急期では、加害者の内面で心理的な緊張が高まり、被害者は加害者の機嫌をとるなどして暴力を止めようとするが、暴力の爆発に移行するともはや暴力は収まらず、収まるまで耐えるしかないという。だがその後、加害者は理性を取り戻し、暴力を謝罪し相手にプレゼントをあげたりなど優しくし、ハネムーン期を迎える。

デートDVの背景として、暴力による支配－被支配という関係性に加え、加害者・被害者が相互に依存する「依存的恋愛観」も指摘され、こうした関係においては、「自分たち＝内部、それ以外の他者＝外部」という排他性を強くもっていることから、他者から見えにくいという特徴もあるという。さらには、依存的恋愛観に見られる「恋愛至上主義」では、別れること＝悪いことという認識から、深刻な被害から抜けられない場合も多い[3]。

---

[2] 井ノ崎敦子（2016）「第6章　親密な関係における暴力－デートDVについて学ぶ」『アクティブラーニングで学ぶジェンダー －現代を生きるための12の実践－』ミネルヴァ書房 pp.85-97
[3] 松並知子（2021）第4章「デートDV－『一心一体の恋人関係』に潜む危険性」『女性の生きづらさとジェンダー－片隅の言葉と向き合う心理学』有斐閣 pp.74-96

また、依存的恋愛観と伝統的な性役割観との関連性が示唆されている。男性は強くてリーダー的な存在、女性は男性に従う存在というジェンダー観がDVの背景にあるという指摘は、私たちがメディアなどを通して知らず知らずのうちに恋愛観やジェンダー観[4]を形成していることを象徴している。

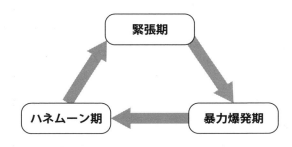

図9-2　デートDVのサイクル（井ノ崎、2016より引用）

9.3 性暴力の実態

ここまで、配偶者間や交際相手からの暴力の実態とその背景を見てきた。本節では、2023年度調査に依拠し、不同意性交等にかかわる性暴力を中心に見ていくことにする。

（1）不同意性交等の実態

本来的に性行為は相互の同意により成立するものである。だが、2023年度調査では、女性の8.1％、男性の0.7％が不同意性交等の被害に遭っている。女性の被害者は男性の10倍もの割合で多く、女性は深刻な被害を受けていることが明らかである（図9-3）。

（2）性犯罪に関する法改正

2023年6月16日、「刑法及び刑事訴訟法の一部を改正する法律」（令和5

---

[4] 松並は前掲書において、『恋空－切ナイ恋物語』などのケータイ小説に依存的恋愛観が描かれていることを示唆している。

年法律第66号）および、「性的な肢体を撮影する行為等の処罰及び押収物に記録された性的な姿態の映像に係る電磁的記録の消去などに関する法律」（令和5年法律第67号、以下性的姿態撮影処罰法）が成立し、一部を除き2023年7月13日から施行された。前者の法律において、不同意性交等罪、不同意わいせつ罪が規定された。後者では性的部位や下着などをひそかに撮影したり、それらの映像を送信（ライブストリーミング）するなどにかかる複数の犯罪が規定された[5]。

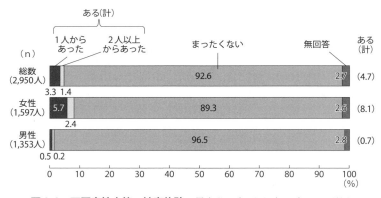

図9-3　不同意性交等の被害体験　男女共同参画局（2024）より引用

　不同意性交等罪、不同意わいせつ罪の概要は図9-4[6]のとおりである。不同意性交等罪や不同意わいせつ罪は、配偶者やパートナーの間でも成立することが法律を通して明確化された。だが、被害を受けた側が、同意はなかったと主張しても、加害者側が、「同意があったと思っていた」[7]として無罪を主張する事案も見られる。性行為は双方の同意による性の自己決定に基づくことを前提に、被害者の人権の尊重が最優先されなければならない。

---

[5] 詳細は脚注6を参照のこと
[6] 法務省（2023）「性犯罪関係の法改正等　Q&A」（2023年7月）
https://www.moj.go.jp/keiji1/keiji12_00200.html（2024年12月28日最終閲覧）
[7] NHK（2024）「大阪地検 性的暴行事件 女性検察官『被害者長く傷つけられる』」2024年12月24日配信 https://www3.nhk.or.jp/news/html/20241226/k10014679541000.html（2025年1月8日最終閲覧）

刑法及び刑事訴訟法の一部を改正する法律

不同意性交等罪・不同意わいせつ罪（改正）
2023年（令和5年）7月13日から施行

以下の **1** 又は **2** によって、

性交等（※1）をした場合、不同意性交等罪　【5年以上の有期懲役】
わいせつな行為をした場合、不同意わいせつ罪　【6月以上10年以下の懲役】
が成立（※2）

1 ①〜⑧のいずれかを原因として、
<u>同意しない意思を形成、表明 又は 全うすることが困難な状態にさせること、あるいは
相手がそのような状態にあることに乗じること</u>
① 暴行 又は 脅迫
② 心身の障害
③ アルコール 又は 薬物の影響
④ 睡眠その他の意識不明瞭
⑤ 同意しない意思を形成、表明又は全うするいとまの不存在 ……… 例：不意打ち
⑥ 予想と異なる事態との直面に起因する恐怖 又は 驚愕 ………… 例：フリーズ
⑦ 虐待に起因する心理的反応 ………………… 例：虐待による無力感・恐怖心
⑧ 経済的 又は 社会的関係上の地位に基づく影響力による不利益の憂慮
……… 例：祖父母・孫、上司・部下、教師・生徒などの立場ゆえの影響力によって、不利益が生じることを不安に思うこと

2 <u>わいせつな行為ではないと誤信させたり、人違いをさせること、又は
相手がそのような誤信をしていることに乗じること</u>

1 や **2** に当たらない場合でも…

3 相手が<u>13歳未満の子どもである場合</u>、又は、
相手が<u>13歳以上16歳未満の子どもで、行為者が5歳以上年長である場合</u>
にも、不同意性交等罪や不同意わいせつ罪が成立

※1 「性交等」には、性交・肛門性交・口腔性交のほか、膣や肛門に、陰茎以外の身体の一部又は物を挿入する行為も含まれる。
※2 不同意性交等罪・不同意わいせつ罪は、配偶者やパートナーの間でも成立する。

図 9-4　刑法及び刑事訴訟法の一部を改正する法律　脚注6より引用

（3）不同意性交等の被害に対する相談

　すでに見たように、圧倒的に女性の被害者が多い。被害女性と加害者との関係（複数回答）では、交際相手・元交際相手がともに16.2％、配偶者（事実婚・別居中を含む）が9.2％、元配偶者（事実婚解消を含む）が8.5％で、これらを合わせると50.1％にのぼる。不同意性交等は（元）交際相手との間で最も多い。先に見た、デートDVのループに入り込まないように注意したい。このほかの加害者は、職場・アルバイト先の関係者が10％、通っていた（いる）学校・大学の生徒・学生などが8.5％、SNSなどインターネット上で知り合った人が8.5％であった。全く知らない人も10％と多かった。親は1.8％、兄弟姉妹（義理を含む）は3.1％であり、家族からの加害も5％にのぼり、非常に深刻である。

　女性が被害を受けた時期・年齢（複数回答）で最も多かったのは20代（43.1％）であり、18歳・19歳(22.3％)、中学卒業から17歳までが17.7％であった。中学卒業後から被害が多くなり、20代が最も多いが、中学生(6.2％)、小学生（14.6％）、小学校入学前（6.9％）と幼いころにも被害に遭っていることから、まずは性暴力の根絶の対策を第一に据えつつ、被害に遭った子どもたちや女性たちの心身のケアを率先して行う必要がある。

　だが、被害に遭った人たちのうち、どこ（だれ）にも相談しなかったのは女性が55.4％、男性が6割と最も多い。友人・知人に相談したのは、女性が3割、男性が2割、家族・親戚が男女ともに1割と低い。そのほか女性の相談相手として、職場・アルバイトの関係者、民間の専門家や専門機関がともに3.1％、警察への連絡・相談は1.5％にとどまる。

　幼児期や小学校低学年など言語化が難しい段階では、普段の様子と異なる、元気がない、食欲がないなどの兆候がある場合には、教育機関等での性加害の恐れも視野に入れ、専門機関につなぐことが早急に必要である。

　小学校・中学年以降、言語化や思考が高まってくると、行為そのものの恐ろしさや心身の傷の自覚がありながらも、何が生じたのか、だれに相談すればいいのかわからず、その不安や恐怖は計り知れない。思春期以降になると心身の傷に加えて妊娠の恐れ、感染病への恐れが押し寄せる。

幼い子どもたちは、何が起こったのかわからず、言語化することもままならないまま恐怖におびえ、家族に伝えても「そんなはずはない」と信じてもらえないこともあるだろう。思春期以降であっても、「自分がいけないのだから」と自己を責めることもある[8]かもしれない。まずは、被害を受けた女性たちがすぐに相談できるような体制を作ること、心身に大きな傷を受けた子どもや大人たちの回復に向けての支援を充実させることが喫緊の課題である。

9.4 被害者支援の在り方

これまで見たように、配偶者や交際相手などから暴力を受けたことがある人は、女性では3割近く、男性でも2割にのぼる。家庭内や同居、恋人関係などの親密な関係での暴力は外から見えにくく、「自分が悪いのだ」とか「自分さえ我慢すればいい」との思いで暴力が長期間に及び、自らが心身に大きな傷を負うだけでなく、面前DVにより子どもが発達上の大きなリスクを負うこともありうる。被害者保護（支援）を法律や相談窓口から見ておこう。

（1）法律：配偶者からの暴力の防止及び被害者の保護等に関する法律（配偶者暴力防止法）

この法律は、日本国憲法での個人の尊重と法の下の平等の理念に基づき、人権擁護と男女平等の実現を図るため、配偶者からの暴力を防止し、被害者を保護することを目的として制定された法律である。男女共同参画の推進とも関連した重要な法律で、2001年に制定され、配偶者からの暴力にかかる通報、相談、保護、自立支援などの体制の整備が盛り込まれている。事実婚、生活の本拠をともにする交際相手、離婚後も引き続き暴力を受けている場合などを含む。

直近の改正（2023年）では、国および地方公共団体と民間団体との連携強化、接近禁止命令の発令要件の拡大、接近禁止命令等の期間を6か月から1年に伸長することなどが盛り込まれた。

---

[8] 村本邦子・松本周子（2024）『婦人相談員物語』（国書刊行会）には、父親や夫から（性的）暴力を受けた女性たちが女性相談員に吐露した凄惨な語りが紡がれている。

国および地方公共団体は、配偶者からの暴力を防止するとともに、被害者の保護（被害者の自立を支援することを含む）を図る責務を有すると規定している（第二条）。さらに第三条で、都道府県や市町村に、配偶者暴力相談支援センターの機能を果たすよう定めている。
　みなさんが住んでいる（ご出身の）都道府県や市区町村にはかならずこうしたセンター（名称はさまざまである）があり、男女共同参画および、配偶者からの暴力の防止と被害者保護についての基本方針と施策がたてられている。本章末のワークで、自治体の取り組みについて調べてみよう。

（2）困難な問題を抱える女性への支援に関する法律（女性支援法）の成立

　性的な被害、家庭の状況、生活困窮などさまざまな事情により困難な問題を抱える女性への支援に関する法律（女性支援法）が2024年4月1日から施行された。売春防止法での第4章（保護更生）を同法から脱却させ、女性の福祉、人権の尊重や擁護、男女平等、関係機関と民間の団体との連携を基本理念として、女性が安心して自立して暮らせる社会の実現に寄与することを目的とする。国は困難な問題を抱える女性への支援に関する基本方針を定め、都道府県や市町村はその基本方針に即して基本計画や施策をたてることになる。また、都道府県は女性相談支援センターを設置し、相談事業、緊急時の安全確保および一時保護、医学的または心理的援助、就労支援ほかについての情報の提供などの業務を行う。売春防止法での「保護更生」から、福祉、人権、男女平等などの理念への大きな転換を評価しつつ、法の理念を真に実現するような取り組みが期待される。

（3）被害者の相談窓口

　男女共同参画局では暴力の相談窓口を、性犯罪・性暴力被害、性的画像を含むインターネット上の問題、女性の人権・女性に対する暴力、AV出演被害に関する各種トラブルなどに分けて、次のホームページで公開している。

　　　https://www.gender.go.jp/policy/no_violence/avjk/consultation.html

もし、自分が被害を受けてしまったらどうすればいいのだろうか。まず、被害を受けた人に全く非はない、このことを心に留めておこう。そして、安心して相談できる人に相談してみよう。難しそうならば、自治体の支援センターにアクセスしてみよう。

　家族や学校・大学の友人もしくは教職員など、信頼できる人に相談できない場合、各自治体のワンストップ支援センターにアクセスすることができる。性犯罪・性暴力被害者のためのワンストップ支援センターへの共通電話番号は、携帯電話、NTTアナログの固定電話からは＃８８９１（はやくワンストップ）、NTTひかり電話からは０１２０－８８９１－７７（宮城県、埼玉県、高知県を除く）である。ワンストップ支援センターは、産婦人科医療やカウンセリング、法律相談などの専門機関とも連携しており、一部自治体を除き、無料で相談ができる。アフターピルについては、第10章を参照してほしい。

9.5　暴力の禁止に向けて —構造的暴力、文化的暴力

　暴力は人権や人格への侵害であり、仕事や学業をはじめとする生活への大きな支障となるにもかかわらず、また、DV 防止法などの法律が制定され、社会的な啓発も行われているにもかかわらず、暴力の通報件数が増え続けていることをどのように考えればよいのだろうか。

　ガルトゥングは、平和の対概念として戦争ではなく暴力をあげ、物理的な暴力（直接的な暴力）に対置して構造的な暴力という概念を提起している[9]。ジェンダーは、構造的な暴力のうち、社会・文化的につくられた不平等として、いわば文化的暴力としてとらえられる。例えば、医学部受験において、男子が合格しやすいよう加点をしていた東京医科大学の事件は典型的な例である。また、東京都の公立高校の入試では、長年成績順ではなく、男女別の定員が設けられていた経緯がある[10]。成績が良かった女子が不合格になって

---

[9] ヨハン・ガルトゥング『ガルトゥング平和学の基礎』藤田明史翻訳（2019）法律文化社
[10] NHK（2023）「都立高校男女別定員撤廃は　令和 6 年度入試から　背景は　影響は」
https://www.nhk.or.jp/shutoken/newsup/20230913a.html（2024 年 1 月 6 日最終閲覧）

いた事実があるのである。こうした、片方の性に有利な実態がジェンダー不平等である。

　同様の事態はほかにも社会のあらゆる局面で見られる。出産を機に、夫ではなく妻が仕事を辞める場合や、同じように外で働いていても女性の方が早めに仕事を切り上げて家事・育児を一手に引き受けるケースなどである。もちろん、ともにワーク・ライフ・バランスを確保することが重要なのだが、妻の方に家事・育児が偏ることは、トータルな労働時間が増えるのみならず、子育てを女性が一手に引き受けることでの精神的・肉体的負担が大きい。

　それだけではない。仕事に専念できる男性は出世や昇任のチャンスを得る一方、女性は仕事もままならず、収入も低いのに、女性がもっと働きたいという願望もかなえられず、「〇万円の壁」という社会的、家庭内での権力構造に抑圧され、自信を喪失したり、自分とは何だろう、という自己概念の葛藤にさいなまれるのではないか。

　生活におけるこうしたジェンダー不平等を払しょくすることが、構造的暴力を弱め、自尊心や人権の回復につながる。同時に、直接的暴力を禁止していくことも重要であることはいうまでもない。

Work：あなたが住んでいる(あるいは、大学が所在する)自治体の女性支援センターや、具体的な支援策を調べてみよう。

調べる自治体：
具体的な支援策：

コラム　障害とジェンダーの交差性

　女性であり障害があること、このようにマイノリティの要因が交差し、生きづらさを増幅させられている女性たちがいる。なかでも性的暴力を受けた女性たちは、「性的対象として見られていない」という側面と、「性的暴力の対象」との両面的な被害を受ける存在である。さらに、相談できない構造が巧みに利用され、暴力は隠蔽され繰り返される[11]。

　さまざまな事情で性的な搾取を強いられ、身も心も傷ついた女性たちがいる。千葉県館山市の「かにた婦人の村」では、戦後の売春防止法で規定される要保護女子（自活困難な状況にあり、転落の恐れがある女性）のなかでも、知的障害・精神障害を抱え、長期の保護による生活支援を必要とする女性が暮らしている[12]。

　私たちが他者や社会のさまざまな事象に向き合うとき、マジョリティの境地から物事を見がちであることを、マイノリティの交差性から気づかされる。暴力のない社会を構築していくにあたり、交差性の認識と深化は、私たちの心に共振をもたらし、思いがつながり合うことで社会変革への契機となるのではないだろうか。

---

[11] 河口尚子（2023）「第5章　障害女性が性暴力被害にあうとき」『障害があり女性であること－生活史からみる生きづらさ』現代書館　pp.128-159
[12] かにた婦人の村ホームページ https://www.bethesda-dmh.org/gaiyo/shisetsu/（2025年1月8日最終閲覧）

第10章 デジタル化とジェンダー

◆◆Key Word◆◆

インターネット　SNS　雇用　人工知能（AI）　デジタル化

　私たちの暮らしは、いまやコンピューターなどデジタル技術と切っても切れないものになっている。多くの人がパソコンや、より小型のデバイスであるスマートフォンを持ち、インターネット検索、メッセージのやりとり、動画視聴などを屋内でも屋外でも日常的に行っている。しかも、ついこの間まで映画のなかのキャラクターや、将棋などの対戦相手としか思われていなかった AI（Artificial Intelligence）つまり人工知能は、日常生活のなかで実際に使われるようになっている。とりわけ、ChatGPT などの生成 AI が世間を賑わせている。生成 AI はかなりの長文でも滑らかな文章を即座に生成して返答を行うことができることから、それまでの AI を知っているユーザーは、デジタル技術のレベルが一段上がったことを感じた人が多いのではないだろうか。

　しかしながら、AI をはじめデジタル技術の性能の向上により、人間の仕事が減るのではないか、という懸念もある。また、SNS（ソーシャル・ネットワーキング・サービス）などのオンライン・コミュニケーションは、犯罪などさまざまな社会問題を引き起こしている。本章では、ますますデジタル化する社会において、女性がデジタル技術とどのように向き合っていけばよいかを考える。

10.1 コンピューターの歴史と女性

まず「デジタル」とは、ごく簡単にいえば、情報を数値に変換し、コンピューターなどの機械で読むことができるようにした情報処理形式である[1]。デジタルには情報を比較的コンパクトに保存したり、容易に複製したり伝達したりできるなどのメリットがあることから、社会はデジタル化を進めてきた。

現代ではコンピューター分野は男性が優勢で、若い女性はコンピューターに対して自信をもちにくい状況がある。しかし、歴史を見れば多くの女性がコンピューター分野で活躍していた。コンピューターの原型「解析機関」のプログラムを考案したのがエイダ・ラブレスであることから、世界初のプログラマーは女性とされる。最初期のデジタル式コンピューターはアメリカで1946年に公開されたエニアック（ENIAC）であり、そのプログラミングをしたのも女性技師たちである[2]。ほかにも、さまざまなコンピューターで使うことができる汎用プログラミング言語であるコボル（COBOL）を開発したグレイス・ホッパーは、プログラミングは女性に向いていると語った[3]。プログラマーやマシン・オペレーターとして女性が多く活躍していたことから、20世紀半ば頃までは、コンピューターにかかわる仕事は女性の仕事だと思われていたくらいである[4]。

しかしながら、コンピューターは主に軍で戦争のために開発され、使用されていたため、戦争が終わると、そこで働いていた多くの女性はその職を失い家庭に戻らざるを得なくなった。さらに、軍事機密を扱っていた女性たちが戦時中の仕事について他言できなかったことや、女性技師たちの貢献が記録に残されてこなかったことから、長年にわたりコンピューターにかかわる

---

[1] 対して、情報を物理的に紙などに記録して保存や伝達をするのがアナログ形式である
[2] キャシー・クレイマン、羽田昭裕訳（2024）『コンピューター誕生の歴史に隠れた6人の女性プログラマー――彼女たちは当時なにを思い、どんな未来を想像したのか』共立出版
　(Kleiman, Kathy (2022) *Proving Ground: The Untold Story of the Six Women Who Programmed the World's First Modern Computer*, New York: Grand Central Publishing.)
[3] 横山美和（2018）「第3章3節 デジタル技術とジェンダー問題」岩本晃一編著『AIと日本の雇用』日本経済新聞出版社 115-130
[4] Marie Hicks (2017) *Programmed Inequality: How Britain Discarded Women Technologists and Lost its Edge in Computing*, Cambridge, Mass., and London: MIT Press.

女性の活躍は知られてこなかった[5]。こうした影響もあり現在コンピューター分野に女性は少ないが、決して女性がコンピューター関係の仕事に向いていないというわけではないのである。

10.2 デジタル化が雇用に及ぼす影響

（1）デジタル化と女性の雇用

　デジタル化が女性の雇用に及ぼす影響について、現在、国際機関や多くの有識者が議論を交わしている。懸念の一つは、デジタル化はIT系企業に莫大な利益をもたらすなど世界の経済構造を変化させているが、先に述べたように女性がその分野に少ないということがある。大学の全分野のなかでコンピューター系分野の女性割合は最も少なく（3分の1以下）、AI開発などに携わることができる女性の候補者は1％以下という調査もある[6]。

　懸念のもう一つは、これまで女性がしていた仕事が機械に置き換わり、失業する人が増加するのではないかということがある。機械は定型的な作業を得意としてきたが、AIの発展・実装が進むと今後は非定型的な輸送や事務補助なども機械化されやすいと予測されている。AIは人間にしかできないと考えられてきた「クリエイティブ」な作業（文章を書く、絵を描くなど）も可能になっており、これまでとは異なる影響が考えられる。

　今のところAIが男女別に仕事に及ぼす影響については、有識者たちの意見は分かれている。ある研究は、男性の多い分野のほうがAIの影響を受けやすく、対人スキルが必要なケア分野に女性が多いため、総じて女性のほうがAIの影響を受けにくいとする。他方、女性が多い事務補助やサービス業はAIの影響を受けやすく、またAIの影響を受けにくい職の一つである管理職に女性が少ないため、女性のほうが男性よりも職を失うリスクが高いという見方

---

[5] Janet Abbate (2012) *Recoding Gender: Women's Changing Participation in Computing*, Cambridge, Mass., and London: MIT Press. クレイマン、前掲書。Hicks、前掲書。
[6] UNESCO/OECD/IDB (2022), "The Effects of AI on the Working Lives of Women," UNESCO, Paris, https://doi.org/10.1787/14e9b92c-en (published on March 8, 2022) 39-41（2025年1月20日最終閲覧）

もある[7]。2024年では世界で上級管理職に占める女性の割合は31.7%であり、労働人口における女性の割合42%に比べて少ない[8]。

　要するに、今後デジタル化によって影響を受けるであろう職について冷静に見極める必要があるということである。日本では性別を分けた募集を原則禁じる男女雇用機会均等法の抜け穴として、総合職と一般職とを分けて募集するコース別雇用管理制度が多くの企業に採用されてきた。総合職は転勤の可能性があるが昇進があり、一般職は転勤はないが昇進は望めず、職務も総合職の補助的なものとされる。転勤という条件のために、男性は総合職、女性は一般職に応募するという流れが作られ、これが男女の経済格差に繋がってきた。さらに悪いことに、派遣労働規制の緩和により、近年一般職は派遣労働に置き換わっている[9]。派遣労働は不安定であり、補助的な事務作業が自動化されればいっそう雇用が切られていく可能性は大きい。

（２）デジタル化により女性はいっそう活躍できるのか

　デジタル化は女性の労働にどのようなメリットをもたらすだろうか。まず考えられるのは、インターネットの発達により職種によっては在宅勤務が可能となり、通勤時間が減少することによるワークライフバランスの向上である。2020年の新型コロナウイルス感染症拡大の影響で在宅勤務が急速に広まり、そのメリットを感じた人も多いだろう。従来のような出社を前提とする働き方では、子どもの突然の発熱などで仕事を休まざるを得ないことが、多くの働く母親を悩ませていたが、在宅勤務であれば、子どもを看病しながら仕事をすることも可能になった。

　革新的なテクノロジーの導入を契機にジェンダー・ギャップを解消しようという動きもある。毎年ジェンダー・ギャップ指数を発表している世界経済

---

[7] UNESCO/OECD/IDB, "The Effects of AI on the Working Lives of Women," 33.
[8] 世界経済フォーラム（2024）「AI主導の職場が変える女性のリーダーシップ」（2024年6月14日配信）、https://jp.weforum.org/stories/2024/06/ai-no-ga-eru-nori-da-shippu/ （2025年1月20日最終閲覧）
[9] 高重治香（2022）「事務職の需要はなくなるのか？『単純作業』と見られてきたけれど」『朝日新聞デジタル』(2022年11月29日配信)、https://digital.asahi.com/articles/ASQCT5HG5QCTUPQJ00H.html?iref=pc_ss_date_article （2024年12月16日最終閲覧）

フォーラムは、「生成 AI の登場は、ジェンダー・ギャップを解消する好機」と発破をかける。新しいテクノロジーが導入されると新しいスキルが必要になり、今後はそのテクノロジーに対するスキルのほか、チームリーダーシップ、戦略的リーダーシップ、コラボレーションのような、チームメンバーと共同で仕事をする際に発揮される対人的な「ソフトスキル」が求められるようになるという。そして、女性のほうが男性よりも 28％多くソフトスキルをもっているという調査があるとしている。企業は採用の際女性のスキルを意識し、さらに AI の研修の時には女性を取り残さないようにと世界経済フォーラムは釘を刺している[10]。

10.3　インターネットの光と闇

（1）インターネットと女性の連帯

　インターネットが普及しはじめた初期には、それが国境のない自由で民主的な空間を生み出すとして、ユートピアになると語られた。ジェンダーの問題でいえば、インターネット空間で身体の性別にかかわらず新たなアイデンティティを得て、ジェンダーから解放されることが期待された。インターネットにはそのようなポジティブなポテンシャルがあることは間違いないだろう。

　そして、インターネットは、女性がジェンダーに関する問題を社会化するために役立ってきたツールであることも誰もが認めるところだろう。現代は SNS を駆使する「第四波フェミニズム」の時代ともいわれるが、それまでのフェミニズムとの違いは、ソーシャルメディアというプラットフォームによって広範なコミュニケーションをもたらしていることだという[11]。特にソーシャルメディアが女性にとって役立つのは連帯を生み出すときだろう。例えば＃MeToo 運動は、2017 年、ハリウッドの映画プロデューサーによるセクシュアル・ハラスメント事件を告発する新聞記事をきっかけに SNS 上で広まっ

---

[10] 世界経済フォーラム、前掲サイト
[11] 井口裕紀子（2022）『SNS フェミニズム──現代アメリカの最前線』人文書院 40-41

た。"＃MeToo"（「私も」）とハッシュタグを付けて性被害経験について複数の人が告白することで、性暴力やセクシャル・ハラスメント問題について社会に問題提起することに成功し、同様の動きが世界中に広がりをみせた[12]。

　また、インターネットが場所を問わずつながりを可能にすることは健康にとっても大きなメリットである。コロナ禍で感染の拡大を防ぐために、厚労省により定められたオンライン診療の実施要件が緩和され、オンライン診療を初診から受けることが一部可能になってきている。経口避妊薬のピルや緊急避妊薬のアフターピルなどもオンラインで処方を受けることができるところも増えている。アフターピルとは性交後に原則72時間以内に服用すれば高い確率で妊娠を回避することができる薬であるが、産婦人科受診に心理的・距離的なハードルがある場合もある。まだ日本では避妊薬に原則として医師の処方が必要であるため、せめてオンラインで受診しやすいものであってほしい[13]。ちなみに2023年11月から緊急避妊薬が処方せんなしで一部の薬局で買うことができる試験販売が行われているが、これは国が行った「パブリック・コメント」で賛成が99％以上であったことも試験販売の後押しをした[14]。パブリック・コメントはオンラインで誰でも回答することができるので、若い人にもぜひ活用してほしい。

（2）インターネットを利用した犯罪

　インターネットには上記のような明るい側面もあるが、暗い側面もある。インターネットが大規模に一般利用されはじめた1990年代にはすでに、それは「詐欺の肥沃な土地」であり、「ほかのどの媒体よりも、効率的かつ低コストで被害者になりそうな人に近づけるようになった」と米連邦取引委員会が

---

[12] 井口、前掲書、83-84
[13] 世界保健機構（WHO）は、経口避妊薬と緊急避妊薬は処方せんなしで薬局で購入できるようにすべきであるとしており、日本でも本格的に同提言に沿うことが期待される。日本家族計画協会（2023）「海外情報クリップ　経口避妊薬はより入手し易くするべき――WHO」第827号（2023年2月1日配信）、https://www.jfpa.or.jp/kazokutokenko/topics/rensai4/001712.html（2025年1月20日最終閲覧）
[14] 野口憲太・後藤一也（2023）『朝日新聞デジタル』「『ニーズ小さくない』緊急避妊薬、始まった試験販売　薬局に聞くと」（2023年12月21日配信）、https://digital.asahi.com/articles/ASRDN5KFFRD7UTFL004.html?iref=pc_ss_date_article（2024年12月19日最終閲覧）

述べているように[15]、その犯罪の温床としてのポテンシャルは計り知れない。

　インターネットを利用した犯罪は枚挙にいとまがない。例えば、SNSには有名人の画像を無断で加工して作った投資詐欺広告が流れてくることがある。ほかにも、SNSやマッチングアプリで接近し恋心を抱かせてお金をだまし取るロマンス詐欺や、強盗など違法な手段で手に入れた金品の運び屋、ATMの不正現金引出係などを募る闇バイト募集が連日ニュースで取り上げられている。

　特に女性が巻き込まれやすいのはデジタル性犯罪であろう。SNSを利用して接近し売春やアダルトビデオ（AV）出演をさせる手口や[16]、電車内やすれ違いざまに卑猥な画像をスマートフォンに送りつける「エアドロップ痴漢」が報告されている[17]。また、盗撮や、言葉巧みに裸の画像などを送信させる手口も横行している。正体の定かでないインターネット上のみの知り合いはおろか、たとえ家族や交際相手などの親しい間柄でも、裸などの性的な画像を撮影させたり送信したりしないよう注意したい。相手に悪意があれば、その画像を売ったり、またそれを脅迫の道具として使ったりすることもある。そして、交際を解消されたことなど何らかの報復としてインターネット上に性的画像を流す「リベンジポルノ」も世界中で問題になっている。日本では、2013年に女子高生が元交際相手に性的な写真をインターネットで拡散され、その後殺害されるという事件が起こった[18]。性的な画像のインターネット流

---

[15] ヴィリ・レードンヴィルタ、濱浦奈緒子訳（2024）『デジタルの皇帝たち――プラットフォームが国家を超えるとき』みすず書房 41（Vili Lehdonvirta (2022) *Cloud Empires: How Digital Platforms Are Overtaking the State and How We Can Regain Control*, Cambridge, Mass., and London: MIT Press.）

[16] 『朝日新聞デジタル』（2024）「風俗あっせん、全国規模SNSのスカウトグループ、350店舗と提携」（2024年12月12日配信）https://digital.asahi.com/articles/DA3S16104159.html?iref=pc_ss_date_article（2024年12月19日最終閲覧）、『産経新聞』（2021）「『パパ活』女性にAV出演勧誘疑い　男2人逮捕」（2021年10月26日配信）、https://www.sankei.com/article/20211026-CA2HSMJTOJKF3GX7EJPMGU74ZU/（2024年12月19日最終閲覧）

[17] 『朝日新聞デジタル』（2023）「手元のスマホに突然裸の写真　絶えない『エアドロップ痴漢』」（2023年1月23日配信）https://digital.asahi.com/articles/ASR1N4K1PR1MUTIL014.html?iref=pc_ss_date_article（2024年12月19日最終閲覧）

[18] 『朝日新聞デジタル』（2020）「（いちからわかる！）リベンジポルノ、復讐が目的なの？」（2020年1月27日配信）https://digital.asahi.com/articles/DA3S14341701.html?iref=pc_ss_date_article（2024年12月19日最終閲覧）

出に関する2023年度の警察への相談件数は2,144件に上り、被害者の84.3%は女性であり、その年代は20代と19歳以下がおよそ7割を占める。加害者は交際相手や元交際相手が48.6%、インターネット上のみの関係の知人・友人が21.1%、それ以外の知人・友人が12.7%であった[19]。一度インターネット上にあげられてしまった画像は「デジタルタトゥー（デジタルの入れ墨）」とよばれるほど、完全な削除は困難であることからも、まずはそうした画像そのものを撮らない／撮らせないことが肝要であろう。しかしながら、万が一このような被害にあった場合、被害の拡大を防ぐため、また新たな被害を生まないためにも、できる限り早く警察やプロバイダに相談することが求められる。

（3）SNSのメンタルヘルスへの影響

近年では、若者、特に女性のメンタルヘルスへのSNSの影響も問題視されている。性的なコンテンツや過激なコンテンツ、ヘイトスピーチのような負の感情を刺激するコンテンツは注目を集めやすいため、プラットフォーム側は一部の明らかな犯罪など以外、そうそう有害コンテンツを自主的に規制しようとはしない[20]。また、一見有害ではなさそうな「キラキラした」コンテンツでも、見続けると若者を落ちこませることもある。『ウォールストリートジャーナル』によれば、フェイスブック（Facebook）社（現Meta社）は、同社が運営するインスタグラム（Instagram）が特に10代の少女に悪影響を与えているという社内調査結果について、しばらく公表していなかった。社内調査では、インスタグラムによって10代女性の3人に1人が体型の悩みを悪化させ、なかには摂食障害になる人もいることなどが報告されていたが、フェイスブック社は本腰を入れた対応策をとってこなかった[21]。

---

[19] 警察庁（2024）「統計データ：私事性的画像」、https://www.npa.go.jp/publications/statistics/safetylife/dv.html（2025年1月21日最終閲覧）。

[20] ジャロン・ラニアー、大沢章子訳（2019）『今すぐソーシャルメディアのアカウントを削除すべき10の理由』亜紀書房 49-51（Jaron Lanier (2018) *Ten Arguments for Deleting Your Social Media Accounts Right Now*, New York: Henry Holt.）

[21] Georgia Wells, Jeff Horwitz and Deepa Seetharaman (2021) "Facebook Knows Instagram Is Toxic for Teen Girls, Its Research Shows," *Wall Streat Journal* (September 15, 2021).

インスタグラムなどの SNS、インターネットの検索エンジンのグーグル（Google）や、ユーチューブ（YouTube）などの動画サイト、エックス（X）などのデジタルプラットフォームにとって主な収入源は広告であるため、いかにユーザーを画面に引き付けておき、どれだけ多くの広告が目に入るようにするのかが極めて重大な関心事である。それを可能にする戦略的なアルゴリズムが絶えず働いており、ユーザーが閲覧するサイトや動画、検索や購買などの行動を分析し、同じような傾向をもつユーザーにカスタマイズしたコンテンツや広告を「おすすめ」して興味を引き、ネット中毒にさせている。フェイスブック社の初代社長ショーン・パーカーは、自分たちのサービスに中毒性があることをはっきり認識していながら、「子どもたちの脳にどんな影響を与えるかは神のみぞ知るところだ」[22]と放言していた。

そしてアルゴリズムはユーザーの思想や行動に影響を及ぼす。たとえ同じプラットフォームを使っていたとしても、あなたの見ているコンテンツは友だちの見ているコンテンツと異なる。そして、アルゴリズムがユーザーの好みを把握して似たような考え方のコンテンツばかりを流す結果、ユーザーはフィルターバブルに陥りやすい。フィルターバブルとは、ユーザーの好みの情報ばかりが優先的に表示されることにより、異なる意見を目にする機会が減り、情報環境として孤立してしまうことを指す。そして、自分の考えをより強く確信し、異なる考えをもつ人に共感できなくなってしまう恐れがあり、分断や対立を深めやすい原因となっている[23]。

10.4 デジタル化時代に賢く生きるために

デジタル化により、場所に限定されない働き方やつながりが可能になったことは喜ばしいことである。しかしながら、デジタル化は昔からあるような犯罪や社会問題をより悪化させたという面もある。この時代に賢く生きるた

---

[22] ラニアー、前掲書、19
[23] 総務省（2019）「令和元年版情報通信白書」https://www.soumu.go.jp/johotsusintokei/whitepaper/ja/r01/html/nd114210.html（2024 年 12 月 19 日最終閲覧）

めには、インターネットにどのような弊害があるのかを知ることはもちろんのこと、インターネットへの依存を減らし、必要なことにだけそれを利用するように心がけることではないだろうか。暇な時間があるとついSNSを見てしまうという人は、すでに「中毒」になっているのかもしれない。それはプラットフォーム企業がユーザーを画面に引き付けておくための戦略にはまっているのである。一つの情報源、特にSNSに依存することの危険性を知り、多様な意見に耳を傾けることが、豊かな人生を送り、ひいては民主主義を守ることにもつながるだろう。

　そして、そのインターネットの世界を牛耳る人びとが男性に偏っているという事実にも留意したい。デジタル分野の雇用のジェンダー平等も喫緊の課題である。

コラム　SNSを規制すべきか

　2024年11月に、オーストラリアでは16歳未満の子どもがSNSを利用することを禁止する法案が世界で初めて議会で可決された。「エックス（X）」や「インスタグラム」、「ティックトック（TikTok）」などが対象で、こうしたSNSの運営会社に対象年齢の子どもが利用できないような措置を取ることが義務付けられた。これに違反した企業は日本円でおよそ50億円の罰金が科されることとなる。背景には子どものメンタルヘルスへの影響や、オンラインいじめ、性的グルーミング（「かわいいね」などと言って言葉巧みに近づき親密になることにより、性的な行為等に誘導する手口）などの問題がある。日本でもSNSの利用者には低年齢の子どもも多く、犯罪に巻き込まれるケースも後を絶たないが、同じように国が規制をするべきだろうか。

第11章

災害と女性

◆◆Key Word◆◆

災害　女性支援　ジェンダーの視点　復興　地域活動

　1995年の阪神・淡路大震災、2011年の東日本大震災、2024年の能登半島震災をはじめとして、巨大地震や津波による災害が頻発している。また、毎年、大雨に見舞われるようになり、地震・津波のみならず、大雨による被害が人々の生活に深刻な影響を及ぼすようになった。日本中、どこに住んでいても、災害の被害が免れない状況となったことをまずは認識する必要がある。

　いつ、なんどき、災害に遭うかもしれない状況にあるなかで、災害や被害を客観的にとらえ、防災や減災に活かすことは重要であるが、ある災害が生じたとしても、被災の状況は一律ではなく、ジェンダーをはじめとした社会的な構造の影響を受けることがわかっている。

　とりわけ、ジェンダーの視点から被害や支援の状況を確認することは、女性は男性に従い家庭を守るという社会的な役割が暗黙に課され、高齢者の比率が多い女性のキャリア形成の構築において、喫緊の課題となっている。

　私たちが災害に遭ったときに、いかに自分の身を守り、生き延びていくかにとどまらず、いかにして支え合い、ともに生活を立て直していくかという視点もまた重要である。本章では、復興の過程で力強く地域での活動を行っている女性も取り上げる。災害をジェンダーの視点でとらえ、防災や支援、地域での活動について考察することが本章の目的である。

11.1 被災地の女性の声から考えたこと

　筆者は、東日本大震災後の子どもの発達を調査することを目的に、2014年から宮城県を中心にフィールドワークを開始し、学童保育の指導員や小学校教員、保育園園長・保育士（ともに被災時）などから聞き取り調査を行ってきた。聞き取りの途中で、発災の日、子どもの安否を心配しながら、「母親としてもっといろいろとしてあげればよかった」「母親としてちゃんとしてあげられなかった」という思いがよぎったいう声が複数の女性から聞かれたことを思い出す。

　第5章で示唆したように、女性は、良い妻・良い母親でなければならない、という社会からの期待を意識的・無意識的に内面化しながら、その期待は自らを縛りつける呪縛となり、通常の生活は言うに及ばず、災害が生じたときにはより一段と女性を苦悩や葛藤に陥らせるのだと感じた。

　本章では未曽有の被害に見舞われた東日本大震災を念頭に、ジェンダーの視点で被害をとらえ、防災・支援・活動の在り方を考えていく。

11.2 女性の声が反映されにくい状況

　災害対策基本法第49条では、災害が生じた場合に、人々が避難する場所として、指定緊急避難場所や指定避難所を設定している。前者は災害の危険から命を守るために緊急的に避難する場所であり、土砂災害、洪水、津波、地震等の災害種別ごとに指定される。後者は災害が発生した場合に避難をしてきた被災者が一定期間生活するための施設であり、多くは災害種別に限らず指定が行われる。本章では便宜上、指定緊急避難場所と指定避難場所を合わせて避難所として論じていく。

　避難所では高齢者、障害のある人、若い人々、乳幼児など、さまざまな人たちが集まり、プライバシーのない空間で、飢えや寒さ・暑さに耐えながらしばらく生活することになる。東日本大震災で女性支援に関わった人たちへの聴き取りから、避難所でのトイレが男女共同であること、授乳の際の隔離

されたスペースがないこと、更衣室がないこと、生理用品や化粧品などの支援物資が少ないことなどが語られ、被災者支援において女性やジェンダーの視点が欠けていたことが指摘された[1]。被災をした人たちの多様な状況に応じた支援が必要であるにもかかわらず、また、当時は男女共同参画社会基本法制定から10年以上が経ち、2010年12月に策定された第3次男女共同参画計画には、防災の組織運営や活動における男女共同参画の推進が含まれてはいたが、実際に大きな災害が生じた際に、女性の視点に立った支援や配慮は乏しかったと言える。

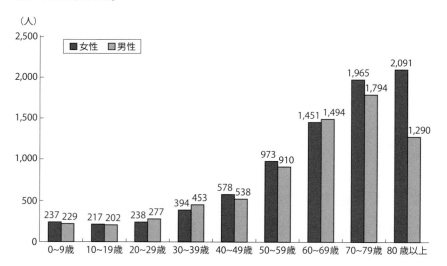

(備考) 1. 警察庁「東北地方太平洋沖地震による死者の死因等について【23.3.11～24.3.11】」より作成
2. 性別不詳、年齢不詳は除く

図 11-1 東日本大震災による男女別死者数 内閣府（2012）より引用

図11-1は、東日本大震災発災後から1年間の間に、宮城県・岩手県・福島県で、同震災によって亡くなった人数である（内閣府、2012[2]）。この図から、

---

[1] 池田恵子（2012）「女性の視点による被災者ニーズの把握 ― 東日本大震災における活動経験の聴き取り調査から―」『国際ジェンダー学会誌』10、pp.9-32
[2] 内閣府男女共同参画局（2012）『男女共同参画白書 2012年版』

年齢が上がるにつれ死者数が多くなっていること、また、70代、80代で女性の死者が多いことがわかる。性別による死者数は女性8,363人、男性7,360人、性別不詳63人であり、女性が男性より1,000人程度多くなっている。高齢者は津波から逃れることが難しかったことや高齢者に女性が多かったことが推測されるが、災害における高齢者、とりわけ女性の高齢者における災害時の避難や支援の策定が喫緊の課題であることが明らかになった。

東日本大震災で家屋が津波の被害を受けなかった人たちへの生活支障に関するウェブ調査においても、食事の偏り、入浴できなかったこと、下着の洗濯ができなかったことなどの生活面のほか、睡眠不足、気分が憂鬱になったなど、健康面での女性の回答率が男性よりも有意に高かった[3]。

11.3　防災や支援の在り方 ―女性の参画という視点から

東日本大震災では、高齢女性の死亡者数が多かったこと、避難所での女性支援が十分ではなかったこと、津波被害がなかった地域においても生活や健康面での困難を訴える声が女性に多かったことなどが明らかになった。

2011年に制定された「東日本大震災復興基本法」では、第二条第二項において、「女性、子ども、障害者等を含めた多様な国民の意見が反映されること」が定められた。東日本大震災から十年以上が経ったが、はたして、多様な人たちをカバーできるような対策が講じられるようになったのだろうか。

そのための重要な指標となるのが、地域の自治会長の女性比率や防災会議での女性の参画状況である。内閣府（2024）[4]によると、2023年度の自治会長（都道府県合計）に占める女性割合は、7.2％にとどまり、地方防災会議（都道府県合計）に占める女性割合は21.8％、市町村レベルでは10.8％と低い（図11-2）。

---

[3] 大原美保（2012）ジェンダーの視点から見た災害応急対応の課題『生産研究』64(4)、pp.461-465
[4] 内閣府（2024）「令和5年度　女性の政策・方針決定参画状況調べ」
https://www.gender.go.jp/research/kenkyu/sankakujokyo/2023/pdf/7-1.pdf（2024年12月8日最終閲覧）

災害が生じたとき、女性、子ども、障害者、外国人など、多様な人たちのニーズをくみ取り、支援をすることが人々の命や健康を守ることにつながる。避難所では自治会長が多様な人々への支援という視点からリーダーシップを発揮することが必要であるし、災害時は言うに及ばず日ごろから自治体の防災対策における女性の視点は重要である。

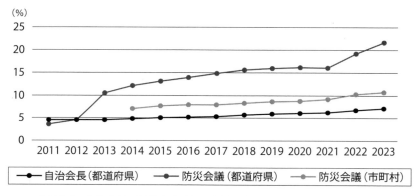

図 11-2　自治会長・防災会議委員の女性比率　内閣府（2024）より作成

2024年元日に発災した能登半島地震のある避難所（中学校）では、大勢の人が性別にかかわらず空き教室などに寝泊まりし、仕切りもなく布団の中で着替えたり、下着やおりものシートなどのニーズが後回しにされたなど、避難所の運営に女性が参画することを望む切実な声が、被災した女性からあがった[5]。

地震・津波をはじめとして、災害はいつ生じるかわからない。避難所での授乳、生理用品やトイレなどの衛生面での配慮、高齢女性への配慮、災害時においても育児や家事の主な担い手である女性のストレスの高さなどを背景に、市区町村の防災・危機管理の担当部署に女性職員を配置し、女性の自治会長や防災会議委員を増やすなど、女性の声をすくいとり、災害時の支援や

---

[5] NHK(2024)「能登半島地震でも… 国際女性デー"防災に女性の視点を" 災害時の対応 男女の現状は」https://www3.nhk.or.jp/news/html/20240307/k10014381771000.html（2024年3月7日配信）2024年12月9日最終閲覧

防災への備えをすることは、女性の豊かな生活やキャリア形成に喫緊の課題である。

そのためにも、家庭をはじめとして、学校や職場、地域において、男女共同参画やジェンダー平等を積極的に推進し、障害者や外国にルーツをもつ人々など、多様な人々の視点に立った災害対策の策定の構築が急務である。

11.4 女性が主導する地域活動
―学校での学びや子育てキャリアを生かした復興への貢献

被災地での炊きだしなどでは女性がケア的な役割を果たすことが多いため、平時からの固定的な性役割分業の延長や無償労働という側面から検討すべき点が多い。一方で、自らが被災しながらも、ネットワーク活動や社会活動を通して他者とつながりあい、復興に貢献し、地域をエンパワーする女性たちの活動も多く見られる。

ここでは、東日本大震災による甚大な被害の後、地域貢献への意欲を高め、障害者支援の事業をおこした髙橋博美さんの人生の軌跡を紹介する[6]。東京出身の髙橋さんは和洋女子大学付属国府台女子高等学校（当時の名称）を卒業後、系列の学校法人の別科に進み洋裁を学んだあと、会社勤めののちに結婚し、夫の生家がある石巻市で生活することになった。まもなく授かった長女に重い障害があることがわかり、髙橋さんは遠方にある病院での診察や学校の送り迎えに追われる日々を過ごしたという。

2011年3月11日の震災で家業のお茶の販売店が水浸しになり、全壊したため、お店をたたむことになった。夫が体調を崩し帰らぬ人となった後、店の跡地の広いスペースを活かし、何か社会貢献をしたいとの思いから2015年5月に高齢者や障害者が集う地域交流サロン「かたりば　みっちゃんち」を設立し、2016年2月1日に特定非営利活動法人「髙橋園　みっちゃんち」を立ち上げた。特別支援学校を卒業した重度心身障害のある人たちの社会参

---

[6] 2024年11月に行ったインタビューと脚注7での資料をまとめ、髙橋さんの承諾を得た。なお、インタビューは筆者のほか、編集委員の奈良、福原も参加した。

加や生活支援、居場所提供などを通して、地域の高齢者も含めだれもが地域とつながり、安心して楽しく過ごす場となっている。

　障害がある人たちの社会活動の参加を大事にする「みっちゃんち」では、石巻川開き祭りで商店街に飾られる七夕の吹き流しをみんなで作成し、季節を選んで散歩に出かけるなど地域の人々との交流を大事にしている。障害特性の理解は難しいものがあるが、地域での社会参加活動や地域の人々とのふれあいが理解の第一歩となる[7]と話す。

　高校卒業後別科で1年間洋裁を学んだ高橋さんは、このときの学びがのちに障害の重い子どもの手製の洋服作りの際に大変役に立ったと振り返った。また、現在も母校の高校に隣接する筑波大学付属聴覚特別支援学校（現在の名称）に通う生徒との交流を通して、若いころから障害について触れていたことは、障害のある子どもを育てていくうえで励みになったと語る。高校時代以降の障害のある人たちとの交流や多様な学びは、子育てのキャリアに結びつき、子どもを育てあげた後も、災害で取り残されがちな障害のある人や高齢者の社会参加・居場所の提供という形で、地域の復興と人々の豊かな人生の後押しにつながっている。

Work：あなたが住んでいる地域（市町村）の防災対策について、ジェンダー視点を含めて調べてみよう。

---

[7] 髙橋博美（2024）「つながり大切に生きがいある暮らしへ」『いしのまきNPO日和』 石巻日々新聞　2024年9月19日発行

コラム　復興と学童保育

　東日本大震災では、多くの人々の命が奪われ、家を流され生活の拠点を失っただけでなく、仕事を奪われた人も多かった。

　宮城県の石巻市は大きな被害を受けたが、数年が経ち復興が進むにつれ、共働きの家庭の増加などの背景により、学童保育（放課後児童クラブ）の需要が高まっていった。

　筆者は2014年の6月から石巻市や近隣地域で学童保育のフィールドワークを開始した。石巻市では、市立の放課後児童クラブが2011年度では28か所あり、児童数は798人であったが、2016年度には43か所と震災前に比べて1.5倍、児童数も1,872人と2.3倍に増えた（石巻市ホームページ）[8]。

　この頃、筆者が石巻市の学童保育を訪問するたびに、「学童保育に入る子どもが増えているんです」「新しい学童保育がまたできるそうです」「学童の先生（指導員）が足りないんです」などの声が聴かれた。そうしたなかで、先生方が、家族の変化（父が再婚し新たなきょうだいが生まれたなど）や転校などで心が落ち着かない子どもたちを優しく見守り寄り添っていた。

　震災からの復興では、流失した家・建物などの跡地に新しいビルや家ができたり、町並みが整えられたりすることも重要だが、まずは人々の生活の安定がベースとなる。

　震災によって仕事を失った人たちが仕事に就くことができたり、父親が仕事を失い母親も働く必要が生じたなど、さまざまなケースが考えられるが、女性が安心して働くために、また子どもたちの健全育成のために、学童保育は重要なインフラである。

---

[8] 石巻市(2024)「放課後児童クラブの状況」https://view.officeapps.live.com/op/view.aspx?src=https%3A%2F%2Fwww.city.ishinomaki.lg.jp%2Fcont%2F10181000%2F0040%2F3914%2F2403%2F15-16-2403.xlsx&wdOrigin=BROWSELINK （2025年2月3日最終閲覧）

第12章

世界の女性たち

12.1 モンゴル国のジェンダー平等とモンゴル人女性のキャリアの現状

◆◆Key Word◆◆

母の名誉　働く女性　女性のキャリア　ジェンダー平等

　2024年の世界経済フォーラムの「グローバルジェンダーギャップレポート（Global Gender Gap Report: GGG）」によれば、モンゴル国は85/146か国に位置している[1]。本レポートは、「経済参画」、「教育」、「健康」、「政治参画」により男女平等のギャップを示すものである。モンゴル国は、「教育」においては、男女平等が特に進んでおり、「経済参画」においても男女平等の実現に近い水準にある。しかし、「政治的エンパワーメント」の分野ではほかの分野に比べて男女平等が十分とは言えない状況にある[2]。この節では、モンゴル国の民主化のプロセスを概観しながら、モンゴル国のジェンダー平等とモンゴル人女性のキャリアの課題について明らかにしたい。

---

[1] World Economic Forum（2024）*Global Gender Gap Report 2024*
[2] Galsanjigmed Enkhzul（2018）「モンゴルにおける日本投資企業の人事制度に関する事例研究：女性の働き方を中心に」『人間社会学研究集録』13, pp.27-55；Galsanjigmed Enkhzul（2020）「日系企業における国際人的資源管理に関する研究：モンゴル国を事例に」『人間社会学研究集録』15, pp.139-165

このように、モンゴル国の女性開発の政策は、およそ1世紀を経て実施されてきたが、現代社会における女性のライフコースから考えれば、子どもを4人以上産み育てるということはかなり厳しく思える。しかし、モンゴル国における合計特殊出生率（女性が一生の間に出産する子どもの数）は、1980年代の6.4人以降、2005年まで徐々に落ち込み2.0人となったが、その後、徐々に上がり2014年には3.1人のピークを迎えた。新型コロナ感染症の流行以来徐々に減少したが、2024年には2.7人と、2014年には及ばないが、一定の数値を維持している。このように、母の名誉勲章の緩和を含めたジェンダー平等法の効果や労働法改正の効果をみることができるのではないだろうか。また、これらの政策により、現代モンゴル人女性は、働くことだけでなく、子育てにも努めていると考えられる[8]。

（3）モンゴル国における高等教育とジェンダー格差

　モンゴル国の市場経済への移行により、家庭における両親の子どもに対する教育方針やジェンダー意識に影響をおよぼした[9]。例えば、親は女子には借金をしても高等教育を受けさせるべきであると考えるようになった。具体的には、女子の教育を重要視することで「女子は結婚後に学ぶ機会がなくなり、将来の夫よりも地位が低くなる」として結婚前に十分な教育を受ける必要性があるという意識が高まった。そのため、2023年のモンゴル国における高等教育を受ける男女の割合を見てみると、すべての学位において女子学生の方が高い割合を占めるようになった（図12-2）。

　言い換えれば、家庭における両親の教育方針は、「男子は教育を受けなくても、ブルーカラーの職業に就くことで家庭を支えることができるが、女子は熱心に勉強をしなければ、経済的に自立した人間になれない」という意識が強くなったのである。親は女子の教育にお金をかけ、女子学生の学ぶ意欲が高くなったことで、男性が女性よりも教育レベルが低いという「男女格差」

---

[8] Galsanjigmed Enkhzul（2021）「在モンゴル国日系多国籍企業で働く女性に関する事例研究〜日系多国籍企業の国際人的資源管理と女性の働き方を中心に〜」大阪府立大学博士論文
[9] Улаанбаатар Их Сургууль（2010）*Монголын гэр бүлийн харилцааны өнөөгийн байдал*

が見受けられ、いわば、男性＝ブルーカラー／女性＝ホワイトカラーという逆のジェンダー差別をする意識へと変化した。

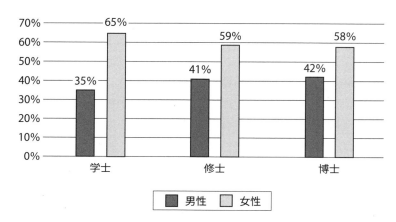

図 12-2　モンゴル国の高等教育における学位別卒業男女別割合
モンゴル国統計局（脚注 10）より筆者作成

（4）モンゴル国における女性のキャリアとライフコース

　モンゴル人女性のキャリアとライフコースを見てみると、逆のUの字を示している（図 12-3）。具体的に、女性は、20代前半は学業に取り組み、20代後半（63%）から働き始めており、そのまま出産・子育てのライフイベントの時期を迎えても働き続け、40代後半（79%）でピークに達している。その後、50代前半（70%）後は、50代後半（39%）にかけて急速的に働く女性が減少している[10]。言い換えれば、モンゴル人女性は、家庭や育児の負担が大きいと言われる20代後半から30代前半においても働き続けていることから、若い母親たちは家庭と仕事の両立志向であると言える。また、40代で高い労働参加率を見せているが、50代前半から50代後半にかけて労働力率が低下していることの背景には、55歳で定年退職をすることを可能にする社会保険制度の影響があった。

---

[10] モンゴル国統計局 https://www.1212.mn（2024年11月22日最終閲覧）

一方で、男性は、60歳で定年退職をするのに対して、女性は条件付きで50歳になると定年退職をすることを可能としている。女性が早く定年退職をする背景には、多子出産があり、多くの子どもを産み育てている女性は身体の負担が大きいため、男性よりも早く定年退職を勧められる実態がある。さらに、もう一つの要因としては、出産年齢が比較的早いため、孫の育児や親の介護などが影響している可能性も高いと言える。

　しかし、2024年の社会保険法改正により、男女関係なく、定年退職年齢を65歳とすることとなったため、女性のキャリアとライフコースの過程に変化が生じることに間違いない。

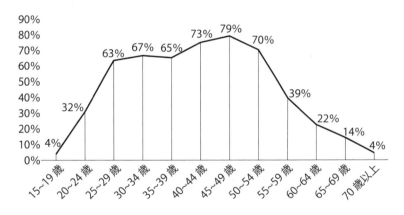

図12-3　モンゴル国の女性年齢階級別労働力率の推移

モンゴル国統計局（脚注10）より筆者作成

（5）モンゴル国における女性の政治参加の現状と課題

　モンゴル国統計局（2024）によれば、社会主義時代に政治参加をしていた女性の割合は25%（1990年）であったが、民主主義国家移行期に4%までに激減した（2008年）。その後、「モンゴル国国会選挙法（Монгол Улсын Их Хурлын Сонгуулийн Тухай Хууль）」の第27条2を改正し「各党からの立候補者の20%以上が女性立候補者であること」が定められた。その結果、「国会選挙法」の改正により、2012年は女性国会議員11名（14%）、2016年度には

女性国会議員13名（17%）、2020年度は女性国会議員13名（17.1%）と徐々に政治参加率が上がっていった。また、2023年には、「モンゴル国国会選挙法」を改正することで、国会議員数が76名から126名へと増員され、同法の第6条30.2において立候補者のクオータ制（男女間格差を是正するために使われる言葉である）を示した（第6条30.2において「各党より立候補する者は、2024年選挙では少なくとも30%、2028年選挙では少なくとも40%がどちらかの性別でなければならない」と定めた）[11]。その結果、女性が立候補する制度を充実させることで、2024年選挙では女性立候補者519名（39%）のうち女性国会議員32名（25%）が当選し、政治や意思決定レベルにおける参加を果たしている（図12-4）[12]。

　このようにモンゴル国は、女性の意思決定を促進するための法改正や制度的努力が一定の成果をあげているものの、女性リーダーが十分に登用されているとは言い難い数字である。

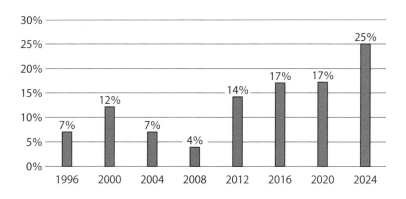

図12-4　モンゴル国国会議員に占める女性の割合

モンゴル国統計局（脚注10）より筆者作成

---

[11] モンゴル国選挙法 https://legalinfo.mn/mn/detail/14869 （2024年11月22日最終閲覧）
[12] モンゴル国統計局 https://ikon.mn/elections/2024 （2024年11月22日最終閲覧）

（6）モンゴル人女性のリーダーシップとジェンダーバランス実現への挑戦

　モンゴル国におけるジェンダー平等の政策は、女性の社会的地位向上とともに歴史的に推進されてきた。特に、女性の高等教育への進学率やキャリア（仕事）への参画が進んでおり、女性の社会的地位は高いと言っても過言ではない。

　その一方で、女性は社会的地位を確保すると同時に、女性の活躍が認められているにも関わらず、政治レベルにおける女性リーダーの数は世界的にみても、十分とは言えない状況にある。この背景をジェンダーステレオタイプによって説明すると、モンゴル国においても、女性は組織のなかでジェンダーステレオタイプ（ジェンダー固定概念）によって起こる「ガラスの天井」に直面することが多く、女性がキャリアを重ねリーダー的立場に近づくにつれ、ジェンダーバイアスに直面し、指導的役割ならではの課題にも苦しむことが多い[13]。

　また、モンゴル国の社会においては、教育における男性と女性のジェンダーバランスが課題となっている。これまで見てきたように、女性に教育を提供し、有力な女性人材を育成することは大切であるが、女性教育を優先的に進めることでジェンダーアンバランスが起こっている。具体的には、モンゴル国では、男性が十分な教育を受けていないことで社会における男性の役割が置き去りにされている。そのため、ジェンダー課題を女性のみの問題としてとらえるのではなく、男女共通の課題としてもとらえ、ジェンダーバランスの取れた社会の実現に向けて対策をとることが急務である。

---

[13] Galsanjigmed, E., & Sekiguchi, T. (2023) Challenges Women Experience in Leadership Careers: An Integrative Review. *Merits*, *3*(2), pp.366-389 https://doi.org/10.3390/merits3020021

12.2 イランの女性たち ―政教一致社会で築く女性のキャリア

◆◆Key Word◆◆

女性・命・自由　イスラーム法　可視化できるイスラーム　男女隔離政策　高学歴女性

「とにかく個性豊かで、魅力に満ちた女性が多い」というのが 30 年にわたりイランとの交流を続け、現地の女性たちと学び合い、協働してきた筆者の率直な意見である。

イランでは、1979 年のイラン・イスラーム革命[14]（以下、革命）以降、いかなる宗教価値観をもっていようとも、あるいは、宗教とはかけ離れた生活を送っていようとも、公の場においてヘジャーブ[15]（髪を覆うためのスカーフ）そしてチャドール[16]やイスラミックコートを着用することが全女性に義務付けられている。私たちがマスメディアを通して目にするイラン人女性は、このような黒衣をまとい、男性の陰に隠れる存在として投影されたステレオタイプの女性といっても過言ではない。

本節では、世界が作り上げたステレオタイプ的な女性像とは異なる、現在のイランに生きる等身大の女性たちについて解説する。彼女たちは政教一致社会で学び、男性中心の社会でキャリアを築くために奮闘し、政府が推奨する「良妻賢母」のスローガンに疑問を抱きながらも前進している。これらの女性たちに焦点をあて、従来とは異なる視点からイラン社会とそこでキャリアを築く女性たちとの相互関係を考察する。

---

[14] それまでのパフアヴィー王朝を打破し、宗教指導者ホメイニ師のもと成就した宗教革命であり現体制にも継承されている。
[15] 図 12-5 を参照（右）長方形、あるいは正方形のヘジャーブ、スカーフで髪を覆うのが一般的
[16] 図 12-5 を参照（左）広げると 3～4 メートルくらいある 1 枚布を両脇に挟んで着用するのが一般的

図 12-5 ヘジャーブ、チャドールをまとった女性たち
資料）筆者作成（AI 画像生成ツール使用）左：チャドールを着用した女性たち、右：ヘジャーブ（スカーフ）で髪を覆う女性

（1）女性・命・自由（2022 年 9 月）

2022 年 9 月、地方からテヘランに来ていたアフサ・アミニ（22 歳・女性）はイランにおいて革命以降、女性に義務づけられている髪の毛を覆うヘジャーブの着用の仕方が不適切だとして道徳警察に逮捕・拘束された[17]。

イランでは服装を巡って道徳警察に逮捕されるということ自体は珍しい話ではない。しかし、3 日後に彼女が急死したニュースが報じられると、アフサ・アミニという名前はハッシュタグとともに SNS で拡散され抗議運動がイラン全土に広がったのだった[18]。

イランでは宗教警察だけが女性のヘジャーブ、マントなどの服装規制を管理しているわけではない。多くの公共施設、例えば空港、大学、病院、官庁などの入口でも日常的に実施されている。入館者（特に女性）の服装が適切であり、化粧が控えめであることを確認する担当者が配置されており、女性の入館者に対しては女性スタッフが対応する体制が整えられている。

万が一、不適切と判断された場合は、指導を受けたその場でスカーフを被

---

[17] 寺田ゆき（2022）「女性、命、自由について―2022 年イランを訪ねて―」東京大学 東京カレッジ（https://www.tc.u-tokyo.ac.jp/weblog/7744/ 2024 年 12 月 30 日最終閲覧）

りなおす、スタッフが差し出すティッシュなどで、過度な化粧を拭き落とすなどの措置が求められ、最悪の場合は後日改めて来館する必要性が発生する[19]。

アフサ・アミニの直接的死因は2024年の現在でも解明されていない。しかしながら国内における服装規制が先述したような環境のなかで実施されていることを踏まえると、彼女を死に至らしめた事件の背景は誰しもが容易に推測できるのではないだろうか。

抗議運動は国内にとどまらず、やがて世界各国へと波及した。「女性・命・自由」をスローガンに掲げ、性別や年齢を問わずして多くの人々が彼女の死を契機に行動を起こしたのである。この運動は最終的には当局によって鎮圧されたが、人々が訴える内容は、単に服装の自由化や女性の権利拡大を求めるものにとどまらないといえるであろう。すなわち全イラン国民の自由と人権の改善を切望する声であったと考えるべきではないだろうか。

（2）イスラーム法と可視化できるイスラーム

森田（2020）は、イランは革命後に「イスラーム共和国」となり、国内の政治・経済・社会的制度すべてがイスラーム化した国家である―中略―そのため、イスラームとジェンダーを考えるうえで、イランは国家イデオロギー自体がイスラームであるひとつの国家の例[20]として考慮する必要があると著している。

それまでの王政国家から急激にイスラーム共和国へと移行したイランでは、国家統治の基盤となる法制度も必然的に大幅な変革を余儀なくされた。その中心に位置づけられたのが「イスラーム法」である。

イスラーム法とは神の言葉を集めたクルアーン[21]（脚注には「コーラン」

---

[18] 脚注17を参照
[19] イランの首都テヘランに在住経験（2010－2013）がある筆者の経験から
[20] 森田豊子（2020）「イランにおける家族保護法の展開―成立、廃止、新法案」『日本比較政治学会年報』日本比較政治学会
（https://www.jstage.jst.go.jp/article/hikakuseiji/13/0/13_135/_pdf/-char/ja 2024年12月31日最終閲覧）pp.137-138
[21] イスラームの聖典。西暦610～632年に預言者ムハンマドが天使ガブリエルを通して神から授かった言葉を弟子たちが記録し、650年に1冊の書物としてまとめたもの。イスラーム法の主要な法源（脚注23、p.257を参照）

と記載されている箇所もあり）と預言者ムハンマドの慣行（スンナ）を伝承したハディース[22]をもとにして整備された規範体制である[23]。すなわち、憲法をはじめとして民法や商法に加え、本節で取り上げる婚姻制度を含む女性の権利をうたった家族保護法など、イラン社会における人々の日常生活全般に深い影響を及ぼすものである。

女性のヘジャーブ着用に関しても同様で、イスラーム法による宗教的規範から法制化された国民としての義務と位置づけられている。これは宗教的価値観を共有し、国内の統一を図る政策として認識される反面、個人の自由や女性の権利に対する侵害と国内外で批判されている。節の冒頭で言及した女性の死も本を正せばイスラーム法に規定された宗教的規範に端を発した事件なのである。

このような宗教的規範が蔓延する社会で女性が職業をもつことは果たして可能なのか。「イスラーム法に則ったヘジャーブやチャドールを着用することで社会参画は可能になる」というのが回答になるだろう。すなわち、可視化できるイスラームを表現し、それを盾にすることで、模範的なイラン国民、すなわちイスラーム規範を尊重する女性として認識され、男性中心の社会で活躍する道がひらかれるというものである。

自主的に、政府が推奨する宗教的規範にかなった模範的な女性像を体現し、キャリアを形成する女性が社会で活躍する一方で、宗教的理念からは距離を置きつつも、目に見えるイスラーム的装いを取り入れ、自らの力で自身のキャリアを開拓していく女性たちもイラン社会で活躍しているというのが、長年イランと関わりをもち、現地の女性たちの実態を深く理解してきた筆者の見解である。その具体的な根拠については、次項において詳述する。

（3）男女隔離政策と女性のキャリア形成

革命後のイランでは、医療・教育分野における厳格な男女隔離政策とヴェ

---

[22] 預言者ムハンマドの言行（スンナ）を伝承・記録したもの（脚注23、p.257を参照）
[23] 小野仁美（2019）「第5章　古典イスラーム法の結婚と離婚」『*1 Marriage and Divorce* 結婚と離婚』長沢栄治監修　森田豊子/小野仁美編集　明石書店 p.116

ール着用の強制が、一見女性を抑圧しているように見えながらも、現実には就業機会を大幅に増加させた[24]。つまり、イスラーム法に則った男女隔離政策に従い女性患者の治療は女性医師が、女子の教育は女性教員が担うというものである。これは主として専門職に限った女性の就労の一例ではあるが、次項で解説する女性の高学歴化にも貢献した側面があり、イスラーム法が肯定的に働いた分野でもある。

　女性の就労が進展した要因は男女隔離政策だけに限られない。1979年の革命以降、段階的に導入されたアメリカ、EUによる経済制裁、1980年から8年間にわたるイラン・イラク戦争、さらには2006年以降のイラン側による核開発を理由とした継続的な経済制裁などによって、国内経済は慢性的なインフレ状態にあり、これらの要因が複合的に市民生活に影響を与えていることは明白である。桜井（2004）は、このような国内経済事情から妻の収入に頼らざるを得ない家庭が増加し、女性の社会進出の追い風になった[25]と分析している。

　「男は女より優位にある。というのは、神がおたがいのあいだに優劣をつけたもうたからであり、また男が自分の金を出すからである（生活費を指す）」[26]というイスラーム法の源となっている聖典クルアーンの文言を厳守することができず、不本意ながらも妻や娘たちが外で働くことを許可せざるを得ない各家庭の経済状態があることも垣間見られる。

　イランでは専門職に就く女性であっても、家計を助けるために働きに出る女性であってもヘジャーブやマントを着用したうえで「従順な女性」を公の場で演出し、社会道徳を乱さない「理想的な女性」として認められる必要がある。

　次項では、宗教的、経済的、社会的環境を利用し、高等教育を将来のキャリア形成につなげようと学びを追求する女性たちや、学歴をいわば「花嫁道

---

[24] 山崎和美（2010）「シーア派イスラームの女性観　イランにおける女子教育に関する議論の展開」『駒沢大學佛教學部論集』第41號　平成22年10月 p.296
[25] 桜井啓子（2004）「現代イランの女性たちとイスラーム文化」ACCUニュース No.346 公益財団法人ユネスコ・アジア文化センター
[26] 藤本勝次、伴康哉、池田修訳者（2002）『コーランⅠ』中央公論新社 p.105

具」として婚姻の際に役立てようとする女性たちの現状について考察する。

（4）女性の高学歴化と結婚事情

1990年代後半以降、大学合格者に占める女性は5割となり、その後、一時期は6割以上を占め、現在も5割以上である。こうした女性の高学歴化は特に都市部で進展しており、晩婚、高齢出産ひいては少子高齢化現象につながっていて、イラン社会に近年変容をもたらしている最も重要かつ顕著な事象である[27]。

ここまで学んできたように革命後、女性の高学歴化が進んだ背景にはいくつかの要因が考えられる。第一に、男女隔離政策の影響を受けた医療や教育といった分野における女性のための女性専門職の需要が増加したこと、さらに敬虔なイスラーム教徒である父や夫が、可視化できるイスラームを体現しつつ、ほかの女性に奉仕するための学びを目指す女性たちの教育に対して一定の理解を示し、妻や娘たちが躊躇することなく外出できるようになったことである。

一方、学位の取得を結婚に有効活用させようとする女性が少なくない点もイラン社会の特徴である。桜井（2014）はイランの地方部で「学位がなければ婚家先で大切にされず、重労働を押し付けられる」という女子大学生の声を報告している[28]。かたやテヘランのような都市部では、「より良い条件を前提とした結婚をするために高等教育を通じて学位取得を目指す」という明確な結婚観をもち、これを人生における最大の目標であるかのように語る若年層の女性たち、あるいは結婚前の娘をもつ両親の姿も珍しくない。

さらに女性の高学歴化にともなうイラン社会の「結婚」をめぐる変容として、離婚や晩婚化の増加に加えて、高等教育を受けた都市中間層の男女の同棲を示唆する「白い結婚（正式な婚姻関係を結ばない「白紙」の状態）」の増

---

[27] 山崎和美（2019）「第8章 現代イランにおける様々な「結婚」女性の高学歴化に伴う晩婚化と若者に広がる「白い結婚」」『1 Marriage and Divorce 結婚と離婚』長沢栄治監修　森田豊子／小野仁美編集　明石書店　p.116
[28] 桜井啓子（2014）「2 紀行文　イランで出会った女性たち」『イスラーム地域研究ジャーナル』第6号　Vol.6　p.6

加が注目されている[29]。イスラーム法の下、女性は妻や母として家族の中心的な役割を果たすことが奨励されていること、また現実的な問題として少子高齢化対策に取り組むイラン政府にとってこの「白い結婚」は深刻な懸念事項となっていることはいうまでもない。

　都市化が進み、西洋的なライフスタイルが広まり、離婚率も高まるなかで、従来のような緊密な人間関係の構築を避ける者たちが増え、イラン社会の伝統的な「結婚」や「家族」の在り方は崩れつつあり多様化しているのである[30]。外国メディアの視聴やインターネットを通しての情報収集が政府の制限を受けつつも可能であるイラン国内で、イスラーム法に則った「婚姻契約」をあたかも商業上の契約を交わすかのように締結する結婚が、女性にとって著しく不利な条件下で成立する（例えば離婚の条件、旅行、教育、就職に関して決断する際も、妻は夫の指示を仰ぐ必要性などが契約項目に含まれている[31]）ことへの懸念から女性たちが結婚に踏み切れない状況は十分に理解されるべきであろう。

　イランでの高等教育における学びを目指す女性たちの背景には、男女隔離政策を活用した専門職へのキャリア形成という目的、結婚の一環として学位取得を目指す人生目的などがあげられる。加えて伝統的なイスラーム式の婚姻形態にはとらわれない西洋的な「白い結婚」を選択する高学歴女性たちの存在などが新たな傾向として注目されるようになった。これらは欧米諸国や日本社会においては通常、個人的な選択とみなされる事柄であるが、革命から45年を経たイランでは現在、イスラーム的価値観と西洋的思想が混合した多様性のある社会への移行を示す新たな現象としてとらえられている。

（5）女性・命・自由：そして未来へ

　筆者はかつて知人であるイラン人女性から " In Iran, everything is possible, yet everything is impossible "（イランではすべてのことが可能で、全てのこと

---

[29] 脚注27を参照（p.228）
[30] 脚注27を参照（p.229）
[31] 脚注27を参照（p.229）

が不可能)という言葉を聴いたことがある。当初はその意味を明確に理解することができなかったのだが、後に、「イスラーム的価値観との調和を図ることができるのであれば、女性であっても社会で活躍する道がひらかれる。一方、それ以外の選択肢における成功は極めて困難である」という意味ではなかったかとの解釈に至った。節の冒頭で提示したアフサ・アミニの死、それにまつわる抗議運動は、まさに「それ以外の選択肢」を求める人々の訴えであった。

　好みの服を着用し、何の規制もない環境で興味のおもむくままに学び、それをキャリアにつなげる自由、そして可能性がすべての女性にひらかれることが理想であることはいうまでもない。しかしながら、現今の社会情勢を熟知したうえで、いかにイスラームと折り合いをつけながらイラン社会で自らの命と自由を守り、未来を切りひらいていくのかを模索しながら前進していくことも、彼女たちが限られた環境のなかで豊かな人生を生きるうえでのキャリア形成の在り方であろう。

　イランの女性たちの姿は、日本をはじめとしていまだに制約が残る社会のなかで生き方を模索する世界の女性たちに共通する生き方でもある。世界中の女性たちがその枠組みを乗り越え自由を手にするためには、どのような行動や改善が必要とされるのだろうか。次節でドイツの女性たちのキャリア形成を学んだあと、仲間たちと意見を交わし共有しよう。

12.3 ドイツの女性たち ― 時間の選択可能性を拓くために

◆◆Key Word◆◆

アンコンシャス・バイアス　時間の柔軟化　選択可能性

　日本で 3K というと「きつい・汚い・危険」の 3 つの頭文字をとった仕事の特徴を表すが、ドイツの 3K は女性がおかれている社会状況を示す。「Küche（キッチン）・Kinder（子ども）・Kirche（教会）」である[32]。つまりドイツは、家事・育児そして教会を基盤とした規則や地域活動に女性たちが縛られる、性別のステレオタイプが強い国なのである。そしてその強さは、固定的性別役割分担意識の影響が大きい日本同様に、女性が自身のキャリアを追求する大きな妨げとなっている。

　だが 2021 年まで 16 年間におよんだアンゲラ・メルケル前政権下で育った子どもたちは「女性だけが首相になれる」と思っていたそうだ。彼女が国を率いる姿を日々目にしていた子どもたちは、社会一般に広がっていた"リーダーは男性"というアンコンシャス・バイアスをもたなかったのである。

　そのように女性リーダーの存在を当然としたドイツ初の女性首相のもとで、どのような制度ができたのか、そして日本の課題でもある固定的性別役割分担意識が変化しつつあるドイツでは、どのような改善が求められているのだろうか。キャリア形成に深く影響を与える育児に関連する政策を中心に、ドイツのこれまでの歩みやメルケルの後継政権であるオラフ・ショルツ政権の公約から読み解いていこう。

（1）新たな家族政策の方向性

　メルケル前首相が就任して間もない 2006 年、第 7 家族報告書（以下、報告書）が提示されている。報告書は連邦政府の姿勢を示すもので、"家族政策の

---

[32] 重野純子（2001）「旧東ドイツの婦人雑誌とドイツ統一」河合節子・野口薫・山下公子編『ドイツ女性の歩み』（370-386 頁）三修社 p.370

パラダイム転換"といえるものであった。東西ドイツ統一以降、遅々として進まなかった保育施設の整備をはじめ、地域や企業を巻き込んだ総合的な子育て支援策の推進が盛り込まれただけでなく、欧米諸国の家族政策の比較検討のなかで、旧東ドイツの保育施設や両立支援策の見直しが行われた。社会主義体制の下、就労可能な女性の90％が就業し、子どもを育てながら働く母親も多かった旧東ドイツ時代の制度の振り返りがなされ、新たな方向性が打ち出されたのである[33]。

そのキーワードのひとつは「選択の自由」である。例えばあなたがフルタイムで働いていて、子どもが産まれると想像してみよう。出産後は育児手当を受けて仕事から完全に離れたいと思うだろうか。短時間労働にシフトして仕事も育児もバランスよくこなしたいと希望するかもしれない。もちろん、フルタイムで産休後にすぐに復帰するのもよいだろう。だが、選択にあたっては、家族が増えることによる家事・育児と仕事のバランスや労働時間の変化にともなう家計へのインパクトを考慮することになるだろう。自分以外に子どもの面倒をみてくれる身近な家族や近隣のネットワークの有無、育児手当の額や保育施設などの公的制度が利用できる可能性も重要だ。そうした条件のなかで取り得る選択肢はどれか、自分の希望やキャリアプランに合うのは何か、だが現実的にはどうか、と思い悩むことになるだろうか。公的制度が不充分で、家族や親戚等の助けが望めなければ、子どもを産むという選択自体を最初からしないかもしれない。

後述のドイツの連邦親手当・親時間法（以下、親手当・親時間）の導入は「家庭と職業の選択可能性を拓く」ものとして構想された。そしてメルケル前首相はその導入にあたって「選択の自由は、実際に選択の可能性があることを前提とする」と当時述べている[34]。親手当・親時間はどのようにドイツの子育て世代の選択の可能性を広げたのであろうか。

---

[33] 佐野敦子（2023）『デジタル化時代のジェンダー平等：メルケルが拓いた未来の社会デザイン』春風社 pp.91-93
[34] 齋藤純子（2007）「ドイツの連邦親手当・親時間法―所得比例方式の育児手当制度への転換」国立国会図書館調査及び立法考査局『外国の立法』233（2007.6）（51-76頁）pp.57-58

（2）育児と介護分野における時間政策

　少し歴史をさかのぼってみよう。西ドイツでは東西統一の前から、専業主婦を含め育児のために労働を抑制する親に対して一律に育児手当が支給されていた。ところが、東西統一後の 1994 年以降は所得制限が加わった。つまり、ドイツ全土にわたって収入に応じて支給が減額、もしくは受給対象外となる家庭が増えたのである[35]。その影響で多くの家庭では収入が高い男性の父親が仕事を継続し、母親のほうが育児に専念するという「経済的選択」を行った。裏を返せば、母親が仕事の継続を選択する可能性が、育児支援策の変更で狭まっていったのである。だが、このような労働人口の減少を招く施策はドイツにとって非常に都合の悪いことであった。統一後の経費の負担で、経済状況が悪化していただけでなく、日本のように少子化が今日に至るまで進行しているためである。そして、時流にあわなくなっていた育児支援制度に代わり、新しい親手当・親時間が 2007 年に導入された。

　この制度のもとでは、収入がない場合には導入前のように一定額の支給となるが、就業している親に対しては育休[36]期間中に子どもの出生前の月額収入の 65％の育児手当が受け取れる。パートタイム（現在は週 32 時間以内）で労働を続ける場合は、その損失する差額に対して 65％が支給される[37]。つまりは、育児にともなう時間の使い方の変化とそれに応じた親手当の支給をセットで考え、減少した労働時間に対して社会保障費等で出産前の収入を一定額保障し、休業期間中の収入減を補うことを目的とする制度なのである。収入がもともと少ない場合だけでなく、早産、双子などの多胎、ほかにすで

---

[35] 脚注 34 pp.55-58 を参照
[36] 日本においては（国の制度である）育児休業と（企業などの制度である）育児休暇を区別して呼称するが、ドイツの制度でこの区別はつけづらいため、本稿ではすべて "育休" と表記する。
[37] これに加えて州政府からの育児手当が支給されるときもある。だが、その州の財政や社会的な背景によって状況は異なる。例えば、一般的にカトリックの影響が強い州は家庭で子育てをすべきという考えが根深いため、同じく州の管轄である保育施設の整備に財源を回すことに否定的である。また、ドイツのパートタイムは日本と定義が異なり、フルタイムの労働時間との対比で収入が決まる。例えば週 20 時間の労働である場合、同等の仕事を行う 40 時間のフルタイムの半分の収入となる。1 人のフルタイムの仕事を複数でシェア、例えば週 2 回と週 3 回勤務の 2 人のパートタイマーで担うようなときもあるが、その場合はフルタイムで勤務する場合の収入をもとに、契約する労働時間に応じて給与を決定する。

に子どもがいる場合、障害をもって生まれたときなど、いうなれば産前産後の回復や子どものケアにより時間がかかることが予想される場合には、支給額や支給期間は加算される[38]。

　こうした社会保障の考え方は、報告書で示された時間政策の具現化でもある。時間政策とは、あえて表現すれば、労働だけでなくそれ以外に費やすすべての時間をもっと柔軟に使えるようにしようとする考え方である。この時間政策は介護支援施策にも広がり、2008年の介護時間法、2012年の家族介護時間法の成立にもつながった。さらに2015年には、育児と介護分野の関連法を統合した「家族と介護と仕事のより良い両立のための法律」が整った。つまり、メルケル前政権の下で、育児・介護の時間政策が実現し、社会保障費を活用した労働と家事・育児のワークライフバランスの取り方の選択肢が増したのである。

　その後も時間の柔軟化は進み、現在では育児・介護施策に限ったことではなくなっている。1日に働く時間を長くしたうえでの週4日勤務や、残業を後日休暇などで相殺できる制度、フルタイムからパートタイムへ移行したのちに再びフルタイムに復帰できる権利など、柔軟に時間が使える仕組みが徐々に整い、選択可能性がますます拡がっている[39]。

（3）親手当の導入・改正と男性の育休率の向上

　新しい親手当・親時間の導入は、父親の育休の取得促進という狙いもあっ

---

[38] 連邦家族高齢者青少年女性省（Bundesministerium für Familie, Senioren, Frauen und Jugend）HPにある親手当（Elterngeld）の情報をもとにまとめた。
https://www.bmfsfj.de/bmfsfj/themen/familie/familienleistungen/elterngeld/elterngeld-73752
（2024年12月16日閲覧）
[39] 独立行政法人労働政策研究・研修機構（2019）「労働分野の主な制度変更 ―2019年1月1日から」国別労働トピック：2019年4月
https://www.jil.go.jp/foreign/jihou/2023/11/germany_01.html（2024年12月16日閲覧）
――――（2023）「鉄鋼産業、8.5％の賃上げと週32時間(週4日)勤務を要求」国別労働トピック：2023年11月 https://www.jil.go.jp/foreign/jihou/2023/11/germany_01.html（2024年12月16日閲覧）
――――（2024）「ドイツにおける労働時間改革の現状」国別労働トピック：2022年8月 https://www.jil.go.jp/foreign/labor_system/2024/02/germany.html（2024年12月16日閲覧）
――（2024）「労働者の12％が残業 ―7割超が労働時間口座を利用」国別労働トピック：2024年8月 https://www.jil.go.jp/foreign/jihou/2024/08/germany_01.html（2024年12月16日閲覧）

た。実は親時間は2001年にすでに導入されており、パートナーも同様にパートタイムへの移行、つまり労働時間の短縮とセットで親手当を取得することが可能であった。だが2003年の段階で、母親だけが休業を取得した世帯が60％、母親だけが勤務時間を短縮させて取得した世帯が32％と、働き方を変化させたのは圧倒的に女性側であることが調査で明らかになった。依然として経済的選択が行われ、女性のキャリア形成が損なわれていたのである[40]。その状況を打破するためには、どちらか一方ではなく、双方の親の育児と就業の両立を後押しする制度、具体的には父親が育休を取得しやすくする必要があった。そして、その課題の克服に向けて、両立支援が進んでいた北欧の家族政策との比較検討と、旧東ドイツの保育施設や両立支援策の現代における見直しが行われたのである。

　ここで、上述のような過程を経た現在の親手当・親時間の運用をみてみよう[41]。まず親手当はどちらか一方の親が取得する場合は12か月までであるが、パートナーも2か月以上取得すると世帯全体で14か月取得できる。そして14か月間の割り振りは家庭内で決めてよい。つまりはパートナーが2か月以上取得すれば、世帯全体でより長く手当と育休が得られるだけでなく、出産した親は最長の12か月より短く取得して早く職場復帰することも可能になるわけである。

　現在は、パートナーとともにパートタイム（週24〜32時間）で働くと、育休期間がさらに2〜4か月追加（パートナーシップボーナス）できることになった。このように、パートナーも育休を取得したり、パートタイムに切り替えたり、出産した側が早期に職場復帰すれば世帯全体の育休の期間も支給も増える仕組みになったことで、双方の親に対しての育児への参画と早期の職場復帰をうながす制度に変化したわけである。これにより2007年の導入時には3％程度であった男性の育休取得率（親手当受給率）は2019年には43.5％に上昇している[42]。

---

[40] 脚注34 pp.55-56を参照
[41] 脚注38を参照
[42] 独立行政法人労働政策研究・研修機構（2022）「男性の『育休』受給率、過去最高の43.5％」国別労働トピック：2022年8月　https://www.jil.go.jp/foreign/jihou/2022/08/germany_02.html（2024年12月16日閲覧）

（4）現在の課題
──東西統一時の失業の影響・性的マイノリティの家族政策など

ただし、メルケル前政権のもとで進んだ施策も完璧なものとはいえない。女性団体からはさらなる制度改変によるパートナーの育休取得率の向上等、多様な要望が出されている。どのような課題があるのか、旧東ドイツの歴史と現在の性的マイノリティのおかれた状況をふまえて一部を紹介しよう。

① 歴史から考える賃金格差の影響

「経済的選択」の要因となる賃金格差の改善とともに、女性団体からの訴えが強いのがシングルマザーへの支援強化である。これは東西統一時には旧東ドイツ側の女性が大量失業した苦い経験と無関係ではない。旧東ドイツでは女性の9割近くが就労し、ワーキングマザーも多かった。だが統一を契機に、旧東ドイツでは一生ものであった国家資格が役に立たず、加えて国営の保育所も廃止となってしまったのである。特に、手厚い社会保障によって経済的に自立することが可能であったシングルマザーには大打撃であった。この経緯を考えれば、保育施設の充実やシングルマザーの支援を女性団体が強く要求するのは至極納得できる。実際に、シングルで働きながら子どもを育てる場合でも、パートナーシップボーナスを取得した場合と同等の育児支援を受ける権利がある。

さらに、男性の育休に強い関心が向くのも旧東ドイツの影響かもしれない。手厚い社会保障によってシングルマザーも経済的に自立することが可能であった時代、女性がパートナーに求めたのは家事・育児の分担であった。それを担わないことが離婚の理由にもなったほどであり、旧東ドイツでは男性が家事・育児に参画するのは当然のことだったのである。

そして、賃金格差は引退後の年金のことを視野に入れると旧西ドイツの女性にとってもはや他人事ではない。男女で比較すると総じて女性の年金の受給額は低く、特に結婚後は主婦になるのが当然であった旧西ドイツの女性はさらに低い。一方で、旧東ドイツの女性は旧西ドイツの女性より多く年金を受給しており、男女差もやや少ない。統一時の苦難が共有されているからこ

そ、選択の可能性があることは育児期等の一時的なものではなく、引退後の年金の額にも影響がおよぶ一生涯に関わると認識できるのである。

② 同性婚にともなう性的マイノリティの家族政策の整備と生殖補助医療の是非

　メルケル前政権下では同性婚が可能になった。だが、制度の整備がまだ追いついていない。メルケル前政権とショルツ政権との違いに着目すると、後継政権が力を入れているのは性的マイノリティの家族政策である。並行して、同性カップルが子どもをもつ可能性につながる、ドイツでこれまで禁止されていた代理出産・卵子提供の是非も議論が進み始めた。

　ドイツのこれまでの歩みを鑑みると、これらはかなり急進的な動きといえる。実は、ドイツが性的マイノリティに対する施策に真剣に向き合ったのは、他の先進的な欧米諸国に比べて遅い。男性同性愛が刑法で処罰されなくなったのは1994年で、さらにそのときには女性の同性愛者はいないものとされ、存在すら否定されていた。だが、現在の政権で実現した出産時のパートナーの休暇は、女性の同性カップルも施策の対象であることをあえて主張するほど、その存在が意識されている。育児に関わる施策の変遷からも明らかなように、制度によって家族のあり方も変わり、そして時代にあわせて制度は常に改変していく必要があることを社会が認識しているあらわれである。今後の動向からも目が離せない。

　さて、ドイツの女性たちの歩みから私たちが学べることは何であろうか。まず教会の存在が関わっていることからも明らかなように、ドイツでも根深い固定的性別役割分担意識は、歴史に深く根差しているという事実である。旧東ドイツではKirche（教会）ではなくKombinat（国営複合企業）、つまり労働に置き換わった3K（キッチン・子ども・労働）に女性は拘束されていたとされる[43]。女性も重要な労働力とみなされ、少子化もあってさまざまな出産・育児支援策が整備されていたものの、女性は労働と育児の両方をするこ

---

[43] 脚注32を参照

とが当たり前の存在とみなされていた。そのため、日々の負担があまりにも大きく、生活をこなすのに精いっぱいであり、自己のキャリア形成に目を向ける余裕がなかった。いうなれば、労働か育児のいずれかを選択する可能性は皆無だったのである。それを示すかのように、旧東ドイツ時代に女性リーダーはほとんどいなかった。だが、ドイツの女性たちは、過去の制度の見直しと、時代・社会の変化に合わせて選択肢を増やしてきた。旧東ドイツの歴史をふまえて家事・育児のパートナーとの公正な分担を推し進める政策を実現させ、メルケル前首相を間近に見て育った子どもたちは、女性がリーダーであることに疑問をもたなくなったのである。

　読者の皆さんは、自らのキャリア形成においても、固定的性別役割分担意識の根深さに直面し、これは"歴史"なのだから変えるのは難しいといわれてしまうかもしれない。けれども社会が変われば意識も変わる。もしあなたが制度を時流に合わないと感じ、改善を訴えて、社会が変われば、そこで育つ次世代のワークライフバランスは確実によい方向に変化していくだろう。ドイツに限らず他国の近年の歩みを知ることは、未来は必ず変えられると信じ、あなたに一歩踏み出す勇気をくれるはずである。

　本稿執筆中にショルツ連立政権が崩壊し、2月末に総選挙が行われることになった。出版時には政権が交代し、ジェンダー施策にも変化が訪れている可能性が高い。だが現政権は国民の意思が示された選挙の結果であり、その公約に基づいて実現した制度は市民の要望が反映されたものである。政権交代によって、市民の意思が具現化した制度を根本から覆すことは難しい。激動の時代を乗り越え、声を挙げ続けて社会に変化をもたらしてきたドイツの女性たちが辿った道は、選挙で問われるのは政権を握る政党ではなく、市民の、つまりはあなたの意見がいかに尊重されているかということ、そしてそれが民主主義のあるべき姿なのだということも示してくれるだろう。

Work：モンゴル、イラン、ドイツの女性たちが置かれている社会的立場、キャリア形成の現状、各国の社会情勢を学習し、日本との差異や国々の特徴を把握したうえで、これからの男女平等や男女共同参画に向けて何が必要か、またどのような事から始められるのか、仲間と意見を共有しよう。

第3部

男女平等・男女共同参画に向けて

第13章

男女共同参画への道

― 男女平等や男女共同参画のあゆみ　学校教育を軸として ―

◆◆Key Word◆◆

女子教育　教育基本法　良妻賢母　男女共学

男女共同参画　大正新教育運動

　日本における男女共学制度は、第二次世界大戦後の旧教育基本法（1947年制定）の第5条に以下のように明記される形でスタートすることとなった[1]。

　男女は、互に敬重し、協力し合わなければならないものであって、教育上男女の共学は、認められなければならない。

　第二次世界大戦以前、基本的に女性は現代のように自由に高等教育（大学等）に入学することはできなかった。男性と同水準の教育を得ること自体、極めて困難な現実が存在していたのである。男女平等や男女共同参画について考える際に、本章では国民（市民）を育てる役割を担っている「教育」の視点からとらえることを試みる。戦前期の日本の学校教育を概観しながら、今後の男女平等や男女共同参画のあり方について考えてみよう。

---

[1] 『教育基本法・御署名原本・昭和二十二年・法律第二五号』国立公文書館、公文書にみる日本のあゆみ（資料写真）、画像3、https://www.archives.go.jp/ayumi/kobetsu/s22_1947_01.html（2025年1月4日最終閲覧）

13.1 教育基本法制定時における「男女共学」の位置づけ

改めて教育基本法制定時（1947年）の第5条（男女共学）について確認したい。教育基本法制定時の規定の概要について、同法は日本国憲法第14条第1項[2]の精神を敷衍（ふえん）したものであり、「女子の社会的地位の向上を図るため女子教育の向上が特に必要との考えから企図された規定である」と記されている[3]。当時の帝国議会（明治憲法下における立法機関で、1947年3月31日に帝国議会は幕を閉じた）において、この第5条を規定した理由について辻田力政府委員の以下の答弁が主だったものとして紹介されているので確認してみよう[4]。

> 憲法第14条の精神をここへもってまいります場合に、基本法第3条の教育の機会均等に一応包含されるわけでありますが、従来、男女別学といいますか、分学と申しますか、男女共学というようなことについて、あまり考えられておらなかったし、また非常に男女の間に差別的な取扱いが行われておりましたので、この際特にこの男女の平等という、差別をしないという立場からいっても、また一方には今後一層民主的な平和的な国家を建設していきます場合に、特に男女が互いに協調し協力し合わなければならぬ。これを教育に生かす場合に、共学というような方法で行われるのが最も適当であるというふうに考えられまして、ここに非常に大切なことだと認めまして、これを特筆したわけであります。

以上の答弁からもわかるように、第二次世界大戦以前の日本社会では、いわゆる男尊女卑の観念が「当たり前」として存在しており、そもそも男女共

---

[2] 日本国憲法第14条の内容は以下のとおり。
　すべて国民は、法の下に平等であつて、人種、信条、性別、社会的身分又は門地により、政治的、経済的又は社会的関係において、差別されない。
2　華族その他の貴族の制度は、これを認めない。
3　栄誉、勲章その他の栄典の授与は、いかなる特権も伴はない。栄典の授与は、現にこれを有し、又は将来これを受ける者の一代に限り、その効力を有する。
[3]「昭和22年教育基本法制定時の規定の概要　第5条（男女共学）」文部科学省、https://www.mext.go.jp/b_menu/kihon/about/004/a004_05.htm（2025年1月4日最終閲覧）
[4] 同上

学それ自体についてもあまり考えられてこなかったとする歴史があった。また、戦前期において、旧制高等学校への女性の入学は認められておらず、旧制の官立大学への進学も著しく限られるといった状況も存在していた。

そのため、教育基本法制定時でいう、「教育上の男女共学が認められなければならない」ということについては、「①法律において男女共学の真価を認め、男女共学を推奨すること、②男女共学を国及びその機関が禁止しないこと、③同時に、男女共学を強制するものではないこと」を意味するものであるとされた[5]。つまり、日本の学校教育においては、戦後になってはじめて男女共学が本来の在り方であるという視点のもとに展開する教育が実現したのである。それでは、戦前の教育とは具体的にどのようなものだったのか。確認していこう。

13.2 「学制」の発布と「良妻賢母」

現代における学校を中心とした教育、いわゆる学校制度や教員養成に関する法令は、明治維新後、日本で初めて近代的学校制度を定めた「学制」（1872年8月公布）より始まったといえる。近代国家への歩みを急いでいた明治政府にとって、全国的な近代的教育制度を確立しようとした「学制」（発布当時は就学義務を下等小学校4年、上等小学校4年の計8年とした）は、近代国家の基盤となる産業化や国民統合のための一方策であった。

「学制」の序文には、「高上の学に至ては其人の才能に任かすといへども幼童の子弟は男女の別なく小学に従事せしめ」[6]といった内容が書かれている。「学制」は、発布の前年に出された太政官通達「着手序文」の内容も含め、「学制」の段階では「身分・性別を問わない全国民への教育の機会均等が強調され，男女共通の教育と男女共学」が打ち出され、「将来の母という点に注目しての女性把握」といった限界はあるものの、「男女を平等に教育の対象に

---

[5] 前掲脚注3
[6] 太政官（1872）『学事奨励ニ関スル被仰出書（学制序文）』国立教育政策研究所教育図書館、貴重資料デジタルコレクション、https://www.nier.go.jp/library/rarebooks/seido/KI373-1/（2025年1月5日最終閲覧）

すえるというような新しい男女観」をもつものであったと評価されている[7]。

ただし、「学制」が発布された当時は女子も含めた就学率の低さも影響し、「学制」発布時の規程はその後の教育令（1879年）や小学校令（1886年）等によって、都度整備されていくことになる。

いずれにしても、日本で初めて近代的学校制度を定めた「学制」は、女子にも学校教育の機会を与えるといった意味においては、男女の同権などの啓発的な思想が背景にあることも含め、革新的ではあった。しかし、「将来の母」といった評価にもあるように、当初から男女の性別による役割の相違が自覚されていたことに注意する必要がある。

そもそも、江戸幕府を中心とする社会では、儒教の教えを背景として、男性は「外」、女性は「内」を治めることが「当たり前」とされていた。当時の女子教育は主にそれぞれの家庭において行われており、また、女性は男性に従うものとして理解され、男性に服従し、家庭を守る女性が理想とされていたのである[8]。

こういった思想は結果的に明治維新後も引き継がれ、法制度として整えられていったといえる。姜（2022）は、日本が大日本帝国憲法の制定、帝国議会の開設、教育勅語の発布（1890年）や1898年の「民法」親族・相続編の公布による「家父長的家制度」などを通して、近代国家体制が確立期に入っていったなかで、「伝統的かつ保守的な女子観を堅持していた教育者たちが理想としていた、貞淑・和順・勤勉など、儒教的な女徳を強調する女性像」が「良妻賢母」という言葉で位置づけられ、国家公認の女子中等教育の理念として、承認されていったことを指摘している[9]。

具体的に確認していこう。例えば、先でふれた小学校令が1900年に改正された際には、施行規則第1条において、「男女ノ特性及其ノ将来ノ生活ニ注意シテ各々適当ノ教育ヲ施サンコトヲ務ムヘシ」とされ、同31条では「尋常小学校若ハ其ノ分教場ニ於テ同一学年ノ女児ノ数一学級ヲ編制スルニ足ルトキ

---

[7] 橋本紀子（1992）『男女共学制の史的研究』大月書店、p.30
[8] 橘木俊詔（2011）『女性と学歴 女子高等教育の歩みと行方』勁草書房、pp.2-3
[9] 姜華（2022）『高等女学校における良妻賢母教育の成立と展開－教育理念・修身教科書・学校生活の総合的研究―』東信堂、pp.26-33

ハ男女ニ依リ該学年ノ学級ヲ別ツヘシ」といったように、男女の特性にとって教育が行われること等が施行規則に規定されるようになった[10]。そして、同規則の第2条では、「女児ニ在リテハ特ニ貞淑ノ徳ヲ養ハンコトニ注意スヘシ」[11]とあるように、日本における女子教育は「良妻賢母」思想をキー概念としながら、家事や裁縫といった家政などを中心とした女性固有の教育が「女性が母・妻の役割を担う国民として国家に統合」[12]されていくなかで展開されていったのである。

現在の日本社会におけるジェンダーや男女平等、男女共同参画等ついて考える際には、これらの戦前に形作られていった思想的・歴史的な背景が私たちの生活の根っこにあるということと向き合う必要がある。

それでは、伝統的かつ保守的な女性観を基盤とする「良妻賢母」主義の思想を、戦前期に生きた人々は受け入れ続けたのだろうか。この点については次節以降、大正デモクラシーを背景として、全国的な展開がみられた教育運動と同運動のなかで語られた男女共学論に関する議論のなかで確認する。

13.3 戦前の学校系統について

当時の学校系統について確認しておこう。文部科学省のウェブサイトにある日本の学校系統図を確認してみてほしい[13]。今回は戦前（1944年）と戦後（1973年）の学校系統図を見てみよう。戦後の6・3・3・4制（単線型）と比較して、戦前（戦中）の系統図は複雑（複線型）であったことがわかる。細かく見ていくと、戦前（戦中）では男性と女性とで選択できる進路が分かれており、教育段階が上がるにつれて男女別の進路が設けられていたことに気づくことができるだろう。

---

[10] 「小学校令施行規則（抄）（明治三十三年八月二十一日文部省令第十四号）」、文部科学省、https://www.mext.go.jp/b_menu/hakusho/html/others/detail/1318017.htm（2025年1月5日最終閲覧）
[11] 同上
[12] 前掲脚注9、p.33
[13] 文部科学省「学校系統図」https://www.mext.go.jp/b_menu/hakusho/html/others/detail/1318188.htm（2025年1月5日最終閲覧）

なお、戦前の学校教育において、義務教育課程は現代と異なり、小学校（教育年限は時代によって異なる）段階までであった。当時の女性たちは小学校を卒業すると高等女学校に進学することができたが、ここでいう高等女学校とは現代における大学や専門学校の水準の学校ではなく、中等教育機関のレベルを意味するものであり、この教育段階においても重視されていたのは「良妻賢母」思想を基盤とした教育である。

当時、大学（旧帝国大学）に進学するためには、旧制高等学校を卒業することが必須条件となっていたが、同校に入学できるのは男性に限られていたため基本的には女性が大学（旧帝国大学）に入学する道はなかった[14]。

女性が高等教育機関に通うためには、教員養成を目的とした、女子高等師範学校（東京女子師範学校—現お茶の水女子大学、奈良女子高等師範学校—現奈良女子大学、広島女子高等師範学校）か「専門学校令」によって設立された大学、あるいは専門学校という高等教育機関に通うことが、高等教育機関の学歴を取得する方法であった[15]。そもそも、戦前期を通じて、女性の高等教育機関への進学率は1%に満たなかったため、女性が高等教育機関に進学することそれ自体、極めて特別なことであったのである[16]。

13.4 大正新教育運動と男女共学論

さて、これまで確認してきたように、基本的には明治以降、戦前期までは良妻賢母主義による婦徳の養成が女子教育の根本原則とされた[17]。しかし、当時の人々はただ黙って国の政策や教育方針を受け入れてきたわけではない。明治末頃から昭和初期にかけて、大正デモクラシーを背景とした民主的・自

---

[14] ただし、入学試験を課して「選科生」として入学を認める場合のほか、一部の大学で女性の入学を認めることがあった。第2章のコラムの「寅に翼」の主人公佐田寅子は、ドラマでは「明律大学女子部」に入学した。
[15] 前掲脚注8、p.77
[16] 稲垣恭子（2007）『女学校と女学生 教養・たしなみ・モダン文化』中公新書1884、中央公論新社、pp.4-7
[17] 水原克敏（2011）「良妻賢母主義時代の女教員観」『男女共学・別学を問い直す—新しい議論のステージへ—』生田久美子編著、東洋館出版社、p.43

由主義的な風潮や運動を契機とした、民衆の側からの政治や経済、思想や文化等、新しい社会の在り方を模索する諸活動が展開されるようになったのである。

教育の分野においては、主に明治末頃〜昭和初期において展開された教育運動がそれであり、大正新教育運動（または大正自由教育運動）とよばれている。「この時期ほど教育界に改革気運がみなぎり、多様な教育運動が活発に展開された時期はあるまい」[18]と評される同運動の特徴は、それまでの画一主義的な注入教授や権力的なとりしまりを実施する教育に対し、子どもの自主性や個性を尊重しようとする、自由主義的な教育を一つの教育改造運動として展開したことにある[19]。

具体的には、現在の成城学園や玉川学園、自由学園等の学校を当時の中心校としてあげることができる。特に女子教育機関（中等教育機関：各種学校）としてスタートした自由学園（1921年創立）は、いわゆるミッション・スクールとして「女性を中心とした実践的な社会改造機関としての役割を学校教育に求め」、卒業生やその父母、創立者が発行している雑誌の読者、協力者等を巻き込みながら教育活動を展開していった学校として知られている[20]。その他、私立の学校として、戦前期にはじめて中等教育機関において男女共学を実施したとされる文化学院（1921年創立）なども大正新教育運動を代表する学校として有名である。

また、当時は明治期から女性の社会的な活動の場となっていた代表的な女子教育機関（現代の津田塾大学、日本女子大学、東京女子大学、東京女子医科大学等）のほか、新たに創立した女子教育機関や女性をテーマとする諸活動も活発な活動をみせていた。これらの教育機関等における教育実践の蓄積と時代の気運等を背景として、特に1930年前後には当時の大正新教育運動を担った教育関係者等によって男女共学に関する議論も度々行われるようになった。桜美林学園初代学園長であり、戦後、GHQが日本での男女共学の採否

---

[18] 中野光（1990）『改訂増補 大正デモクラシーと教育 1920年代の教育』新評論、p.2
[19] 中野光（1968）『大正自由教育の研究』黎明書房、p.10
[20] 福原充（2014）「新教育学校の創立基盤─自由学園を事例として─」『日本教育史学会紀要』、第4巻、日本教育史学会、p.41

を検討する際の材料にしたといわれている小泉郁子の『男女共学論』(1931年、拓人社)が出版されたのもこの時期である。

それでは、男女共学について実際にどのような議論があったのだろうか。大正新教育運動の代表的な学校の一つである自由学園において、同園の機関誌的な役割を果たしていた雑誌『婦人之友』(1932年4月号)に掲載された座談会の記事から、少しその議論の一端を覗いてみよう[21]。

この座談会では、男女共学は女子だけではなく、男子の教育のためにも必要であるといった主張など、男女共学について肯定的な発言が大勢を占めている。出席者(13人)は、座談会のテーマが「現代学生生活の事実と批判座談会」であったため、国内外の高等教育の教職員や大正新教育運動の学校の教育関係者、評論家や警察関係者というように、教育者だけでなく、多岐にわたる顔ぶれとなっている点も興味深い。

記事のなかで、当時、日本女子大学校で教授を務めていた高良富子は、中等学校での男女共学が必要だと主張している。その理由の一つとして、自分が担当したことがある明星学園の女子部の生徒たちが、小学校時代は一緒だったのに、それ以降はなぜ男女別々にならねばならないのか訴えていたこと、別れたあとに生徒たちが元気を無くしてしまっていたことをあげている。

また、早稲田大学学生課主事の杉山謙治は、自身の経験を例にあげ、男性・女性といった性に関する意識が芽生えつつも、小学校時代に共学であったのにもかかわらず、今まで親しんできた女の子と卒業時に分かれていくことに対し、淋しさを感じていたことを男性の側の視点として主張している。

これらの主張に対し、早稲田大学教授の帆足理一郎は社会が無理に男女を分離している状況が日本社会にあることを指摘した。当時の社会状況を的確にとらえた発言といえるだろう。さらにこの座談会のなかで特に興味深いの

---

[21] 座談会出席者は次のとおり。なお、本文の漢字・かなの表記は当時のママ記載した。東北帝大教授 石原謙、早大教授 帆足理一郎、評論家 大森義太郎、早大学生課主事 杉山謙治、警視局捜査課 田中信男、ドクトル(伯林大学) 小塚新一郎、日本女子大教授 高良富子、自由学園教授 高橋ふみ、女子英学塾教授 藤田たき、成城女学校教授 三谷文子、松岡久子、羽仁吉一、羽仁もと子(「現代学生生活の事実と批判座談会」『婦人之友』第26巻第4号、婦人之友社、1932年4月、pp.44-58)

は以下の発言である[22]。

 杉山 僕は男女共學は男性が男性らしく、女性が女性らしくならずに、却つて男性が女性のやうになり、女性が男性のやうになるのではないかと思ひますがどうでせう。

 高良 外國にもさういふ反對論がありますが、しかし男性とか女性とかいふ性別の他に個性といふことをもつとも重じなくてはならないのではないでせうか。個性を正しく發達させる教育こそ、最も正しい教育だと思ひます。現在の教育はあまりに性別を重んじ過ぎてゐる。性別で教育を律してゆくところに根本的に誤りがあるのではないでせうか。
  たとひ現在は杉山さんのおつしやつたやうな弊害があるとしても、それは過渡期だからではないでせうか。必ず將來によい獲物を生むと思ひますよ。社會が男女の協力で作られてゆくのですから、男女共學はその準備時代とみても意味があります。

　さらに帆足は、杉山が主張した男らしいとか、女らしいといった「らしさ」を標準に考えることが自分は根本的に間違っていると考えており、世間（当時）で使われているような「らしさ」などはなくなった方が良いと杉山と高良の主張に続いて発言している。
　さて、皆さんはこれらの議論についてどのように感じただろうか。およそ100年前の日本において、性別よりも個性を重んじるほうが重要であるという主張や、社会は男女の協力でつくっているのだから男女共学は意味があるといった主張が当時の教育関係者等にあったことについて、驚いた読者もいたのではないだろうか。
　一方で、今回確認した記事の内容が当時の一般的な考え方だったとはいえない状況があったことはふれておく必要があるだろう。男女共学に対しては年頃の男女がともに学ぶことへの疑問や否定的な見解（特に中等教育）をも

---

[22] 前掲脚注21、pp.52-53

つ者がいたほか、実施するにしても検証の必要性を主張する者[23]、そもそも女性は男性より劣っているといった言説のほうが多く、当時のほかの雑誌の記事等を含めてこれらは散見できる時代であった。

しかし、いずれにしても、戦前に生きた人々のなかには、自分たちの体験や経験を振り返りながら、また、検証や検討を繰り返しながら新しい社会の「あり方」を模索し、実践していた人々がいたこと、大正新教育運動のように、運動によって社会を変えていこうとする動きや言説があったことを確認できたのではないかと思う。重要なことは、このような動きがあったにもかかわらず、男女平等や男女共同参画などが国家の取り組みとして実現されるには、戦後になるまで待たなくてはならなかったという歴史的な事実とその意味、現代に至っても男女平等や男女共同参画を十分に実現できていない現実について、問い続ける必要があるということである。

13.5 本章のまとめ

この章では、男女共同参画への道と題して、紙幅の許す限り、日本の学校教育の歴史から今日の取り組みのルーツに関わる内容について、学制発布時から戦前期を中心に概観し、男女共学・男女別学の視点を確認してきた。本章では詳しく触れなかったが、戦後の男女共学や男女共同参画への歩みも決して順風満帆に進んで行ったわけではない[24]。

また、近年、県立高校の男女共学化を推進していくことに対し、男子校・女子校それぞれに通う生徒やOB・OG等から、別学の方がいい、多様性を認めてほしいといった意見が出ていることが話題となった。こうした訴えは、男女平等や男女共同参画へのあゆみが決して過去のものではなく、時代の変化のなかでその時代の課題として存在し、未来へとつながっていることを自覚する契機であるといえる。そして、現代における女子大学の存在意義にも

---

[23] 当時は高等教育以上に中等教育において男女共学を実施することへの困難さがあった。今回確認した座談会でも大学よりむしろ中等学校への課題が指摘されていた。そこには、思春期や成長期を迎える時期が中等教育段階であったこと等が関係していると考えられる。
[24] 小山静子・石岡学編著（2021）『男女共学の成立－受容の多様性とジェンダー』大花出版

結びつく問いでもある。

　男女共同参画は、社会の対等な構成員として、自らの意思であらゆる分野に参画する機会が確保されること、男女が均等に政治的、経済的、社会的、文化的に利益を享受することができ、そのことについて、ともに責任を担うことが重要であるとされている。

　ここで大切なことは、男女平等や男女共同参画に関する取り組みも含め、これらの機会の保障や成り立たせるための仕組みづくりは、ただ待っていれば与えられるといったものではなく、過去を振り返り、一市民として他者と協働しながら、ともにその時代にあった「新しいあり方」をつくること、自らつかみ取っていくことが必要になるということである。読者の皆さんには、本章で扱った内容のほか、さまざま歴史を振り返り、自分がその時代に生きていたら、どうであったか、現代に生きる私たちの社会はどのような社会なのか、「過去」と「現在」を往還させながら、また、自分事として照らし合わせながら、「未来」をつくる、つかみとっていく力を養い、自身を磨いていってほしい。

第14章

平和な社会と男女平等、男女共同参画

◆◆Key Word◆◆

平和　男女平等　男女共同参画　女性差別撤廃条約
包括的性教育（国際セクシュアリティ教育）

　戦前の日本において、高等教育を受ける女性はほとんどゼロに近い状況であり、いわゆる「男社会」であった。これまで確認してきたように、第二次世界大戦後に制定された旧教育基本法（昭和22年法律第25号）において「教育の機会均等」や「男女共学」等の条項が設けられたことは、日本国憲法における「国民主権」と「基本的人権の尊重」、「平和主義」を基軸とする社会づくりへの歩みがスタートしたことを具体的に示すものであった。2025年で戦後80年を迎えるが、果たして現代の社会は、男女平等な社会、男女が性別にかかわらず個性や能力を発揮できる社会へと変化したといえるのだろうか。本章では、男女平等、男女共同参画に関する近年の日本の状況を確認しながら、日本の現在地について考えていきたい。

14.1　女性活躍後進国ニッポン?

　ほかの章でも確認してきたように、2024年に世界経済フォーラム（WEF）が発表したジェンダー・ギャップ指数によれば、日本の順位は146か国中118位であり、この問題に関して世界のなかで後進国であることが課題となっている。このような指摘は以前からあり、2015年には「女性活躍後進国ニッポ

ン」という言葉で表現されることもあった[1]。

　それでは、日本は昔から女性が活躍できない国であったのだろうか。歴史を振り返ってみれば、NHK大河ドラマで注目された「光る君へ」（2024年）に代表されるように、女性作家が活躍していた時代もあった。そもそも古代日本には何人もの女性天皇がいたし、北条政子に代表されるように女性が政治的に大きな力をもっていた時代は存在していたのである。

　また、女性活躍を推進していくための法制度は、戦後、女性差別撤廃条約の批准などを背景に男女雇用機会均等法（1985年）や男女共同参画社会基本法（1999年）等をはじめ、徐々に整備されてきた。現代においては、持続可能な開発目標（SDGs：Sustainable Development Goals）における日本政府の取り組みとして、「ジェンダー平等と女性のエンパワーメント」に力を入れることが掲げられており、「SDGsアクションプラン2023」では、重点事項の1番最初の項目に「あらゆる人々が活躍する社会・ジェンダー平等の実現」が記されている[2]。

　しかしながら、世界経済フォーラム（WEF）が各国の男女格差に関する報告を公表し始めた2006年の日本の順位は115か国中80位であり、これ以降、順位は下降し続け、先進国で最低レベルの100〜120位台で推移している状況なのである[3]。法的な整備を進めてきているのにも関わらず、いまだ不十分な点があり、後進国であることが指摘される状況が続いている理由には何があるのだろうか。

14.2　法制度と現実の間にある「ギャップ」について考える

　まずは現代の若者の意識を確認してみよう。図14-1と図14-2は、日本財団が2024年に実施した「第62回−国や社会に対する意識（6カ国調査）−」（イ

---

[1] 山田昌弘（2015）『女性活躍後進国ニッポン』岩波ブックレット No.934、岩波書店
[2] SDGs推進本部（2023）「SDGs アクションプラン2023〜SDGs 達成に向け、未来を切り拓く〜」https://www.mofa.go.jp/mofaj/gaiko/oda/sdgs/pdf/SDGs_Action_Plan_2023.pdf（2025年1月9日最終閲覧）pp.4-5
[3] 共同通信社会部ジェンダー取材班編（2024）『データから読む　都道府県別ジェンダー・ギャップ—あなたのまちの男女平等は？』岩波ブックレット No.1095、岩波書店、p.5

ンターネット調査)における、「自分の国の重要な課題」と「自国のジェンダー意識・結婚・子育て観」についての調査報告である[4]。

　日本・アメリカ・イギリス・中国・韓国・インドの6か国の17歳〜19歳の男女1000人ずつを対象にした同調査報告において、日本の若者は「国内のジェンダー観に同意する回答は6か国中最も少ない結果となったものの、ジェンダー格差に対する課題感は他の国よりも高い」結果となっている[5]。

　実際に確認してみよう。図14-1の「自分の国の重要な課題」のなかで、日本の17歳〜19歳の若者は、「ジェンダー格差」を5位に位置づけたが、ほかの5か国（アメリカ：10位、イギリス：10位、中国：9位、韓国：6位、インド：9位）と比べ、確かに関心の高さがうかがえる。

　図14-2のおける「自国のジェンダー意識・結婚・子育て観」では、例えば「男性は男性に、女性は女性に適した職業がある」や「自国では、夫婦に子どもが生まれたら、女性が育児を主に担うことが一般的だ」といった項目を確認すると、日本は6か国中少ない数値（61.0と57.0）、つまり同意する回答が少ない結果となっている。これらの結果から、日本の若者はジェンダーに関する意識や社会における関心も高い国であると読みとることができる。

　ここで改めて、この6か国を対象にして各国のジェンダー・ギャップ指数（2024）の順位を確認してみよう。

　イギリス（14位）、アメリカ（43位）、韓国（94位）、中国（106位）、日本（118位）、インド（129位）の順となっており、日本財団の報告書で示された、6か国のジェンダー観に同意する回答の多寡や現実の自国の課題としてとらえる順位がジェンダー・ギャップ指数の順位と符合しているとはいえない状況があることに気づくだろう。

---

[4] 日本財団（2024）「18歳意識調査「第62回-国や社会に対する意識（6カ国調査）-報告書」（PDF）、日本財団、p.4、p.11
https://www.nippon-foundation.or.jp/wp-content/uploads/2024/03/new_pr_20240403_03.pdf
（2025年1月3日最終閲覧）
[5] 前掲脚注4

日本では、「少子化」「高齢化」「経済成長」の順に重要な課題だと考えられている割合が高い。また、他の国よりも「自然災害」と「ジェンダー格差」が上位に来ている。

質問3：下記に示す課題のうち、現在の自国にとって重要なものはどれだと考えますか。3つまで選択してください。
（複数回答3つまで）

	日本 (n=1,000)		アメリカ (n=1,000)		イギリス (n=1,000)		中国 (n=1,000)		韓国 (n=1,000)		インド (n=1,000)	
1位	少子化	47.6%	貧困	42.1%	貧困	48.7%	教育の質	36.4%	少子化	51.0%	貧困	40.2%
2位	高齢化	39.3%	人種等による差別・偏見	34.5%	経済成長	33.4%	高齢化	35.8%	高齢化	38.4%	環境汚染	37.4%
3位	経済成長	25.2%	気候変動・温暖化	32.6%	気候変動・温暖化	28.8%	経済成長	33.5%	経済成長	23.6%	教育の質	33.8%
4位	自然災害	21.8%	教育の質	26.6%	人種等による差別・偏見	27.5%	環境汚染	32.8%	気候変動・温暖化	22.1%	気候変動・温暖化	21.8%
5位	ジェンダー格差	19.3%	経済成長	24.4%	テロ・犯罪	25.2%	気候変動・温暖化	22.5%	教育の質	21.1%	テロ・犯罪	21.5%
6位	教育の質	17.0%	テロ・犯罪	23.0%	移民の増加	23.5%	資源の枯渇	20.1%	ジェンダー格差	20.2%	経済成長	21.3%
7位	貧困	15.3%	環境汚染	20.5%	教育の質	22.4%	自然災害	20.1%	環境汚染	17.6%	人種等による差別・偏見	15.6%
8位	食糧問題（フード・安定確保）	12.8%	食糧問題（フード・安定確保）	20.0%	食糧問題（フード・安定確保）	17.8%	食糧問題（フード・安定確保）	17.5%	人種等による差別・偏見	14.2%	食糧問題（フード・安定確保）	15.5%
9位	気候変動・温暖化	12.7%	移民の増加	18.8%	環境汚染	17.5%	ジェンダー格差	16.3%	テロ・犯罪	13.8%	ジェンダー格差	14.6%
10位	環境汚染	9.6%	ジェンダー格差	9.6%	ジェンダー格差	11.6%	貧困	16.3%	食糧問題（フード・安定確保）	12.4%	高齢化	11.8%
11位	人種等による差別・偏見	7.3%	自然災害	8.3%	高齢化	9.8%	人種等による差別・偏見	10.2%	自然災害	11.6%	自然災害	11.4%
12位	移民の増加	6.7%	高齢化	6.4%	少子化	5.1%	少子化	9.2%	資源の枯渇	10.0%	移民の増加	8.4%
13位	テロ・犯罪	6.6%	資源の枯渇	6.4%	資源の枯渇	5.0%	テロ・犯罪	7.5%	移民の増加	9.6%	資源の枯渇	4.7%
14位	資源の枯渇	5.8%	少子化	5.6%	自然災害	4.0%	移民の増加	7.0%	貧困	8.1%	少子化	4.4%
	その他	3.0%	その他	2.1%	その他	2.9%	その他	0.9%	その他	1.9%	その他	1.4%

図14-1 「自分の国の重要な課題」18歳意識調査（第62回）　脚注4）より引用

第14章　平和な社会と男女平等、男女共同参画

「自国では、夫婦に子どもが生まれたら、女性が育児を担うことが一般的だ」「男性は男性に、女性は女性に適した勉強の分野・科目がある」「自国では、夫の方が妻よりも学歴が高く、所得も高いことが一般的だ」などの国内のジェンダー観に同意する回答は6カ国中最も少ない結果となったものの、ジェンダー格差に対する課題感は他の国内よりも高い。※p.5ご参照

質問5：ジェンダー意識、結婚・子育て観について伺います。以下の項目について、あなたはどの程度同意しますか。
（単一回答、各国n=1,000）※「同意」+「どちらかといえば同意」の回答率を、日本の高い順に掲載
（単位：％）

	日本	アメリカ	イギリス	中国	韓国	インド
自国では、一般的に、結婚して子どもを育てるのが望ましいと言われている	66.9	77.2	79.7	86.9	71.3	80.6
自国では、夫婦の両方が働いていることが一般的だ	66.6	85.7	85.4	90.4	78.9	75.9
自国では、学歴も高く、所得も高い男性は、結婚相手を見つけやすい	62.1	75.6	68.7	89.3	75.3	81.0
男性は男性に、女性は女性に適した職業がある	61.0	68.3	65.7	86.1	57.2	79.9
自国では、夫婦に子どもが生まれたら、女性が育児を主に担うことが一般的だ	57.0	79.8	79.5	77.1	74.7	84.1
将来結婚するとしたら、法律婚だけでなく、事実婚も選択肢に入ると思う	57.0	70.5	68.4	82.9	67.9	82.5
自国では、学歴が高く、所得も高い女性は、結婚相手を見つけやすい	55.0	62.0	59.6	82.1	71.1	74.7
将来子どもを育てるとしたら、出産だけでなく、養子縁組も選択肢に入ると思う	55.0	74.3	67.4	86.8	64.8	77.8
男性は男性に、女性は女性に適した勉強の分野・科目がある	52.4	65.2	60.3	88.6	53.8	78.5
自国では、夫の方が妻よりも学歴が高く、所得も高いことが一般的だ	51.8	62.3	58.1	81.4	66.0	76.7

図14-2　「自国のジェンダー意識・結婚・子育て観」18歳意識調査（第62回）　脚注4）より引用

もちろん上記は二つの指標から述べた単純な比較・考察に過ぎず、精度を上げていくためには、データをどのように解釈するのか、根拠とするデータ数のほか、そもそもどのようなデータを用いるのかといった点などが、より重要になる。しかし、ここで確認しておきたい点は、少なくとも、日本国内においては制度や政策、人々の意識と現実の間のなかに何等かの「ギャップ」が存在するということである。そもそも、制度や政策に完璧なものは存在せず、人々の意識や価値観も時代状況によって変化するため、これらのことと向き合いながら、また国際的な視点も意識しながらその都度改善に向けた取り組みが求められる。そのため、現代社会においては、「ギャップ」のなかに存在している現実や実態について、自覚的に考究する、推究する能力がこれまで以上に必要になっているといえる。これらのことをふまえ、次節より、近年日本国内で関心が高まっている2つの議論を紹介したい。

14.3　女性差別撤廃条約と日本への勧告について

　「女性に対するあらゆる形態の差別の撤廃に関する条約」（Convention on the Elimination of all Forms of Discrimination against Women）は通称「女性差別撤廃条約（CEDAW）」（「女子差別撤廃条約」と明記されることもあるが、本書においては、「女性」表記で統一する）とよばれており、国際連合（国連）において採択された条約として知られている。

　この条約は「女性・女児に対するあらゆる形態の差別を撤廃することを基本理念とした条約」として、締約国は「政治的、経済的、文化的、市民的その他のあらゆる分野における女性に対するすべての差別を禁止する適当な立法その他の処置をとること」等が規定されている[6]。第34回国連総会（1979年12月18日）において賛成130、反対0、棄権11で採択され、日本が署名したのは1980年7月17日であり、批准し、効力が発生するようになったのは1985年7月25日からである。

---

[6] 男女共同参画局HP、https://www.gender.go.jp/international/int_kaigi/int_teppai/kjoyaku.html （2025年1月3日最終閲覧）

条約の遂行について、国連では数年ごとに審査をしており、直近では2024年10月29日に国連の女性差別撤廃委員会（CEDAW）が、日本政府に対する「最終見解」を公表し、選択的夫婦別姓の導入や、個人通報制度を定めた選択議定書の批准（日本はまだ批准していない）を求めたほか、「男系男子」が皇位を継承することを定める皇室典範の改正などを勧告したことで注目された[7]。最も重要なフォローアップ事項に指定されたのは上記の点を含めた次の4点である[8]。

- 女性が婚姻後も婚姻前の姓を保持できるようにするために、夫婦の氏の選択に関する法規定を改正する。
- 女性が国会議員に立候補するために必要な300万円の供託金を、この意思決定機関における女性の平等な代表性を促進するための暫定的特別措置として削減する。
- 16歳と17歳の女児が緊急避妊薬を入手するために親の同意を得る要件をなくすことを含め、全ての女性及び女児に、緊急避妊薬を含む手頃な価格の現代的避妊方法への適切なアクセスを提供する。
- 法律を改正し、人工妊娠中絶を求める女性に対する配偶者同意の要件を削除する。

上記フォローアップ事項は、2年以内に実施するためにとられた処置に関する情報を同委員会に提供することが求められるため、今後の日本の動きにも注目していく必要がある。なお、このなかには、過去数度に渡って是正を求める勧告をされているものもあり、機会があれば、ぜひ、実際の文章（「最終見解」）も確認してもらいたい。

日本が同条約に批准してからすでに40年が経とうとしている。しかし、国際的な視点から日本社会をとらえたとき、いまだに女性の人権保障についての課題は山積している状況なのである。

---

[7] 『女性差別撤廃条約第9回報告に対する女子差別撤廃委員会最終見解（仮訳）』（PDF資料）https://www.gender.go.jp/international/int_kaigi/int_teppai/pdf/report_241030_j.pdf （2025年1月3日最終閲覧）
[8] 同上、p.3、p.6、p.14

14.4 包括的性教育(国際セクシュアリティ教育)と日本

　包括的性教育（Comprehensive Sexuality Education : CSE）とは「国際セクシュアリティ教育」ともよばれ、子どもや若者たちに向けた「セクシュアリティの認知的、感情的、身体的、社会的諸側面についての、カリキュラムをベースにした教育と学習のプロセス」のことを意味する[9]。

　そして、包括的性教育（国際セクシュアリティ教育）では、人として、一個人としての「健康とウェルビーイング（幸福）、尊厳を実現することであり、尊重された社会的、性的関係を育てること」や子どもや若者の選択が「自分自身の他の者のウェルビーイング（幸福）にどのように影響するのかを考えることであり、そして、かれらの生涯を通じて、かれらの権利を守ることを理解し励ますこと」[10]といった考えが込められている。また、セクシュアリティ（sexuality）という言葉を使用することで、「人間関係全体を問題の射程」に入れていることも重要な点である[11]。

　日本における性教育への課題は、学習指導要領で性交に関する内容を扱わないこと（「歯止め規定」）等、以前より指摘されてきた[12]。しかし、近年では、2023年に施行されたLGBT理解推進法（性的指向及びジェンダーアイデンティティの多様性に関する国民の理解の増進に関する法律）等により、日本社会における性教育に関する人々の関心も以前より高くなってきている。2019年には、「共生のための多様性宣言」を表明し、国内の私立女子大学として初めて人権の保障を基盤としたトランスジェンダー学生の受け入れを行った宮城学院女子大学[13]の取り組みが話題となった。2023年4月1日に発足したこども家庭庁においても議論がされるようになってきており、家庭や地

---

[9] ユネスコ編（2020）『国際セクシュアリティ教育ガイダンス【改訂版】―科学的根拠に基づいたアプローチ』、浅井春夫・艮香織・田代美江子・福田和子・渡辺大輔訳、明石書店、p.28
[10] 同上
[11] 池田賢市(2024)『包括的性教育をはじめる前に読む本—社会を変える性教育—』新泉社、p.71
[12] 浅井春夫（2020）『包括的性教育―人権、性の多様性、ジェンダー平等を柱に』大月書店
[13] 宮城学院女子大学 HP、https://www.mgu.ac.jp/about/policy/kyousei/（2025年1月4日最終閲覧）

域社会を巻き込んだ包括的性教育に関する取り組みが期待されている。

　この包括的性教育（国際セクシュアリティ教育）のガイダンスとして用いられているユネスコの『国際セクシュアリティ教育ガイダンス』においてキーコンセプトとして提示されている8つの項目を確認してみよう[14]。

1. 人間関係
2. 価値観、人権、文化、セクシュアリティ
3. ジェンダーの理解
4. 暴力と安全確保
5. 健康とウェルビーイング（幸福）のためのスキル
6. 人間のからだと発達
7. セクシュアリティと性的行動
8. 性と生殖に関する健康

　項目を確認するだけでも、狭義の意味における性教育（妊娠、出産や避妊などに偏る）ではなく、まさに人間関係全体を問題の射程に入れたセクシュアリティを範囲としていることが理解できるだろう。

　これら8つのキーコンセプトにはそれぞれトピックが設定されているだけでなく、年齢ごとのキーアイデアも設定されており、「ただ単に知識を得るだけではなく、子どもや若者が、性的・社会的関係について責任ある選択ができるようにするための知識やスキル、価値観を養っていく」[15]ことが身体的、文化的、経済的等、多様な側面から学習することができるようにデザインされていることが特徴である。

　包括的性教育（国際セクシュアリティ教育）は国際的な潮流としてあらわれ、日本においては「子どもの権利条約」の実施状況に関する調査結果が契機となり、「性教育」は従来行われてきた限定的な学校教育に留まらない人権や権利を含む「包括的」なものであることがより重視されるようになった。しかし、そもそも日本が「子どもの権利条約」に批准したのは1994年で、世

---

[14] 前掲脚注9、pp.68-69
[15] 前掲脚注11、pp.86-91

界 158 番目と遅く、これらは先で紹介したこども家庭庁やこども基本法（2023年4月施行）をはじめ、法的整備や現場レベルでの対応の遅さともつながっており、さまざまな課題が山積していることが指摘されている。

　確認してきたように、包括的性教育（国際セクシュアリティ教育）も女性差別撤廃条約と同様に整備や現場レベルで取り組みの他、これから改善にむけて向き合っていかねばならない課題が山積している状況にある。本章で取り扱った内容以外についても、条約や法制度と現実の間にある「ギャップ」、背景にあるさまざまな事柄について意識しながら問い直し、これからのキャリアデザインの構築に活かしてほしい。

14.5　本章のまとめ

　制度や政策によって法的な形を整えても、課題が解決されるわけではなく、制度や政策と個々の意識や価値観等との間には「ギャップ」が存在することを本章では概括的に確認してきた。一つの事柄に対する考え方やとらえ方はその時代によって問い直し、新しい「あり方」をつくりあげていく必要があると同時に、9.5 節で確認できるように、ジェンダーをはじめとするさまざまな不平等の構造や実態にも目を向ける必要がある。平和な社会を構築していくためには、国や自治体がつくる政策や制度に任せっきりにするのではなく、自らも参画し、連携・協同しながら社会をつくる市民の一人として、性別や出自に関係なく、個人の人権が保障され、幸福に生きていくことができる社会の在り方を模索していくことが求められる。平和な社会や男女平等・男女共同参画が実現された社会は用意されているわけではない。自分たちでつくりあげていく必要があるのである。私たちはそういった時代に今、生きている。

第4部

女子大学におけるキャリア教育の実践例

第15章

女子大学におけるキャリア教育の実践
―和洋女子大学を例に―

　この章では、ほかの章と趣を変え、女子大学でのキャリア教育の実践について、和洋女子大学での実践を例にとって概説する。第1節では、和洋女子大学のユニークな高大連携プログラムである和洋共育プログラム、第2節では学生や企業から定評のある和洋女子大学進路支援センターの進路支援ポリシーを紹介する。第3節では、女子大学でのキャリア教育を含めた教育全般に資する研究所の取り組みを紹介する。

15.1　高大接続7年制 和洋共育プログラム[1]

(1) 和洋コースプログラム
　2020年4月にスタートした和洋コース〈高大接続7年制　和洋共育プログラム〉（以下、和洋コース）は、文部科学省が取り組みを表明している「高大接続改革」にかんがみた「高校時代に『試験勉強』に時間をかけずに大学科目を専攻履修させ、和洋女子大学入学後のゆとりのある専門的な学びと課外活動（留学など）への参加を促す」という和洋女子大学独自のコンセプトを基に開始されたプログラムである。
　通常は大学入学後に取得する単位（ただし共通総合科目のみ）を高校2、3

---

[1] 本節では、湊久美子・田口久美子・奈良玲子（2024）による「高大接続7年制和洋『共育』プログラム―「和洋コース」のはじまりとその経過報告」『和洋女子大学全学教育センター年報』第3号（pp.2-15）を参照した。

年生のうちに最大12科目（24単位）まで取得し、大学入学後は、時間に余裕をもって海外留学・ボランティア活動・インターンシップなどへ積極的に参加し、大学生活をより充実したものにしてもらいたいという試みである。

（2）2022年度の単位取得状況

このプログラムでは、2年生前期に「ベーシックラーニング（大学生としての基礎学力を担う授業）」を、後期に「キャリアデザイン（大学生としての基礎学力と専門的な学びを結びつける役割を担う授業）」を取得し、大学で学ぶための基礎的な学力を2年生のときに着実につけておく。そのうえで、3年生は、大学学部生とともに、A群：人文科学・B群：社会科学・C群：生活科学・D群：人間科学、総計63科目（2022年のデータ）の共通総合科目のなかから最大10科目（20単位）の取得をめざす。

高校における授業、部活動あるいは学校行事などへの参加と、大学での学びを両立させることは容易ではない。しかしながら、これらの課題を克服した結果、2022年度には、和洋コース1期生3年生38名中8割にあたる32名が9科目以上（18単位以上）を取得している。発展途中のプログラムではあるが、おおむね順調なスタートを切ったといえよう。

（3）和洋コース生の活躍と今後の課題

大学受験に縛られることなく興味ある分野の学びを追求し、それが大学における単位として認定されること、そしてグループワーク、プレゼンテーションなどを通して大学生と同様の研究、あるいは探究を中心とした学修に取り組めることが、本コースの最大の魅力である。詰め込み式の受験勉強ではない自主的な学びに基づいた「7年共育」のなかで、より完成度の高い学修を達成し、積み上げていくという和洋学園ならではの試みは、大学内で、また社会においてもリーダー的存在になり得る人材輩出にも貢献するはずである。

和洋コース第1期生が4年間の学び（2027年3月卒業）を通して各学部・学科でどのような成績や活躍を残し、社会人として巣立っていくのかを引き続き追跡することは、同コースの発展に寄与するだけではなく、和洋女子大

学の卒業生として地域社会、さらには日本社会でリーダーシップを発揮する人材を輩出するための重要な課題であると考えられる。

15.2 和洋女子大学進路支援センターの進路支援

進路支援センター室長　野澤和世

（1）自立して輝く女性になるために

　和洋女子大学は、1897年創設者である堀越千代によって、「和洋裁縫女学院」として創立されました。日本の伝統文化や道徳性を大切にしながら西欧から伝わった知識や技術を身につけることで、社会で自立して輝く女性を育成するという信念のもとに開学しました。その理念は今日に受け継がれ、毎年、100％に近い就職率を誇る大学に成長しました。

（2）学生一人ひとりに寄り添い、学生の「未来」をかなえる支援

　サポートは「寄り添う姿勢」で、一方で講座は「力強く」という方針をとっています。丁寧なサポートを実現するため、学科ごとにキャリアカウンセラーを配置して、大学3、4年生だけでなく、1年生も気軽に相談できるよう受け皿を広げています。3年次にはキャリアカウンセラーが個人面談を全員行い、進路が決まるまで同じカウンセラーが支援をします。就職講座は3年生から本格的に始まります。火曜日4、5限を「進路の日」とし、その時間は、伝統的に3年生の必須科目等は一部を除いて基本的に設置されておらず、ほぼ授業がなく、学生はキャリア講座を1年間受講します。

（3）学生たちのポテンシャルは無限

　そもそも、女子大学へ進学する学生のなかには、最初の頃は自分を出しきれていない学生も少なくありません。素晴らしい可能性があるにもかかわらず、内に秘めているのです。それを外に出していくきっかけづくりが私たちの役目です。「就職活動はつらいもの」という先入観ができる前に学生には「一緒に『素敵探し』をしていこう」と言っています。

具体的には、入学したばかりの1年生に「3つの約束」をします。「就職には、成績証明書と健康診断書、そして履歴書が必要。だから、まずは勉強をしましょう、健康でいましょう。そして、3つ目の履歴書には、大学時代に頑張ったことを3つは書けるように。今はなくても、私たちもいろいろな仕掛けを用意するから一緒に見つけましょう」と伝えています。その「仕掛け」となるのが、キャリア講座です。次世代女性リーダー養成講座「なでしこキャリアプロジェクト」、「アントレプレーナーシップ育成のための女性起業家セミナー」、また、航空会社によるホスピタリティマネジメントなど、企業の方を招いて開催する講座も多くあります。どのプログラムでも心掛けているのは、探究からアクション、課題解決、そしてリフレクションという一連の流れをつくることです。振り返ることで、自分のなかで言語化して定着させることができます。

（4）ダイバーシティキャリア支援

　近年は学生も多様化しているため、学生一人ひとりのニーズに応えています。例えば、LGBTQや発達障害に関する不安や悩みなど、これまで学生自身が気づいていなかったものもあります。こうした問題は社会側の受け皿が十分に整っていないことも多く、就職活動では苦労することも多いのが現状です。だからこそ、私たち教職員が一人ひとりの特徴や価値観にあった支援を行い、必要であれば外部機関と連携する「ダイバーシティキャリア支援」にも注力してます。また、学生に対して「アンコンシャス・バイアス」を学生自身がもたないようにも指導しています。「私はこうだから」「私なんて」という決めつけをせずに、無限の可能性を広げてほしいと思っています。

（5）永遠の進路支援センター

　私たちは自分たちの役割を「永遠の進路支援センター」と学生たちに伝えています。実際、卒業生のキャリア支援にも取り組んでいます。心理学者のジョン・D・クランボルツがいうようにキャリアとは偶発的な出来事から形成されていくものです。何があるかわからない社会のなかで挑戦や失敗がで

きるのは、帰れる場所があるからだと思うのです。そうした「いつでも立ち戻ることができる場所」に私たちがなっていきたいと思っています。

15.3 研究所と教育

　和洋女子大学では、創立125周年行事において、ジェンダー・ダイバーシティ研究所を創設することを岸田宏司学長（当時）が宣言し（2023年9月27日）、2024年度から開設した。以下、和洋女子大学ホームページからの抜粋である。

> 「ジェンダー・ダイバーシティ研究所」では、ジェンダー格差の解消ならびに、障害をはじめとして子どもや学生・人々の多様な困難の解消をめざし、すべての人々が安心して社会参加や生活ができる共生社会の構築に向けて、研究を行います。さらに、女子大学の使命として、女子大学の存立意義を社会に問いかけ、女性が生涯にわたり権利を行使し、豊かな人生を実現できる教育について研究します。

　上記の理念に基づく、2024年度の活動を一部紹介する。

2024年7月2日（火）10:00〜11:45：和洋女子大学ジェンダー・ダイバーシティ研究所出前講座①「発達に困難のある子どもの理解と対応〜行動の意味、心理を知ることで」を実施（講演は田口久美子）。

2024年7月2日（水）14:00〜14:30：和洋女子大学ジェンダー・ダイバーシティ研究所出前講座②「不登校相談会〜お子様の不登校でお悩みの保護者のみな様へ」に指導者（田口久美子）として参加。

2024年9月10日（火）：女子大学連携ネットワーキング第8回ミーティング（Zoom）に幹事校事務局として参加し、ミーティングをマネジメントした。

2024年11月2日（土）10:30〜12:00：宮城学院女子大学との情報交換会。トランスジェンダー学生受け入れや高大連携、大学改組などについて情報交

換を行った（於宮城学院女子大学）。
2024年12月5日（木）18：00〜19：30：法務省千葉保護観察所 保護観察官と千葉県BBS連盟会長をお招きしての「更生保護〜立ち直りを支えるしくみとは」講演会とボランティア活動説明会の開催。
2025年3月3日（月）18：00〜19：30：女子大学連携ネットワーク第9回ミーティング（Zoom）に幹事校事務局として参加。

　多くの女子大学では学部・大学院のほか、研究所や研究センターを布置し、ジェンダー格差の解消や共生社会の構築を目指して研究や教育プログラムを行い、大学全体の教育の質の向上や学生たちのキャリア形成を促進している。第14章でも示唆されているように、ジェンダーギャップが埋まらない現状を打破するためにも、ジェンダー・ダイバーシティに関わる研究や教育プログラムと連動してさまざまな格差を解消し、一人ひとりが豊かに生きる共生社会を実現するための教育を深化させる女子大学の存在価値は極めて大きい。

Book Guide

[第1章]
・武石恵美子（2024）『「キャリアデザイン」ってどういうこと？過去は変えられる、正解は自分の中に』岩波書店（岩波ブックレット No.1100）

[第2章]
・樋口美雄・田中慶子・中山真緒編（2023）『日本女性のライフコース』慶應大学出版会
・チェ・ナムジュ（2018）『82年生まれ、キム・ジヨン』筑摩書房
・井上輝子（2011）『新・女性学への招待』有斐閣（ゆうひかく選書）

[第3章]
・牧野百恵（2023）『ジェンダー格差――実証経済学は何を語るか』中央公論新社（中公新書2768）
・林香里・田中東子編著（2023）『ジェンダーで学ぶメディア論』世界思想社
・岩上真珠編（2015）『国際比較　若者のキャリア　日本・韓国・イタリア・カナダの雇用・ジェンダー・政策』新曜社

[第4章]
・E. H. エリクソン（2011）『アイデンティティとライフサイクル』西平直・中島由恵（訳）誠信書房
・高橋幸・永田夏来（2024）『恋愛社会学：多様化する親密な関係に接近する』ナカニシヤ出版
・本多真隆（2023）『「家庭」の誕生－理想と現実の歴史を追う』筑摩書房
・柘植あづみ（2022）『生殖技術と親になること――不妊治療と出生前検査がもたらす葛藤』みすず書房

[第5章]
・月岡ツキ（2024）『産む気もないのに生理かよ』飛鳥新社
・天童睦子編（2016）『育児言説の社会学――家族・ジェンダー・再生産』世界思想社

・スーザン・D・ハロウェイ著／高橋登・清水民子・瓜生淑子訳（2014）『少子化時代の「良妻賢母」』新曜社

[第6章]

・駒川智子・金井郁編（2024）『キャリアに活かす雇用関係論』世界思想社

・大槻奈巳編著（2023）『派遣労働は自由な働き方なのか　転換期のなかの課題と展望』青弓社

・大沢真知子編著（2019）『なぜ女性管理職は少ないのか　女性の昇進を妨げる要因を考える』青弓社

[第7章]

・高橋満・槇石多希子編著（2005）『ジェンダーと成人教育』創風社

・佐藤一子・大安喜一・丸山英樹編著（2022）『共生への学びを拓く　SDGsとグローカルな学び』エイデル研究所

・二ノ宮リムさち・朝岡幸彦編著（2023）『社会教育・生涯学習入門―誰ひとり置き去りにしない未来へ―』【社会教育・生涯学習の基本シリーズ】人言洞

・太田美幸・丸山英樹編著（2025）『ノンフォーマル教育の可能性　リアルな生活に根差す教育へ』（増補改訂版）、新評論

[第8章]

・天野正子（2014）『〈老いがい〉の時代―日本映画に読む』岩波書店

・上野千鶴子（2020）『近代家族の成立と終焉』岩波書店

・天童睦子（2023）『ゼロからはじめる女性学―ジェンダーで読むライフワーク論』世界思想社

[第9章]

・吉水慈豊（2024）『妊娠したら、さようなら―女性差別大国ニッポンで苦しむ技能実習生たち』集英社インターナショナル

・ガブリエル・ブレア　村井理子訳／齋藤圭介解説（2023）『射精責任』太田出版

・信田さよ子編（2020）『女性の生きづらさ　その痛みを語る　こころの科学　HUMAN MIND SPECIAL　ISSUE2020』日本評論社

[第10章]
- ダロン・アセモグル、サイモン・ジョンソン（2023）『技術革新と不平等の1000年史』上および下、早川書房
- 治部れんげ、田中東子、浜田敬子ほか（2023）『いいね！ボタンを押す前に——ジェンダーから見るネット空間とメディア』亜紀書房
- サフィヤ・U・ノーブル，大久保彩訳，前田春香・佐倉統解説（2024）『抑圧のアルゴリズム——検索エンジンは人種主義をいかに強化するか』明石書店
- 山脇岳志（2024）『SNS時代のメディアリテラシー——ウソとホントは見分けられる？』筑摩書房

[第11章]
- 村本邦子（2021）『周辺からの記憶——三・一一』国書刊行会
- 浅野富美枝（2015）『みやぎ3・11「人間の復興」を担う女性たち—戦後史に探る力の源泉』生活思想社
- 村田晶子編著（2012）『復興に女性たちの声を —「3.11」とジェンダー』早稲田大学出版部

[第12.1節]
- トゥルムンフ・オドントヤ（2014）『社会主義社会の経験：モンゴル人女性たちの語りから』東北大学出版会
- ヌスバウム・マーサ（2005）『女性と人間開発　潜在能力アプローチ』池本幸生訳、岩波書店
- カビール・ナイラ（2000）『選択する力』遠藤環・青山和佳・韓載香訳、ハーベスト社

[第12.2節]
- アーザル・ナフィーシー、市川恵里訳（2006）『テヘランでロリータを読む』白水社
- 金井真紀（2024）『テヘランのステキな女』晶文社
- マルジャン・サトラビ、園田恵子訳（2005）『ペルセポリス　I　イランの少女マルジ』バジリコ株式会社
- マルジャン・サトラビ、園田恵子訳（2005）『ペルセポリス　II　マルジ、故郷

へ帰る』バジリコ株式会社

[第12.3節]
・上野千鶴子・田中美由紀・前みち子（1993）『ドイツの見えない壁：女が問い直す統一』岩波書店
・河合節子・野口薫・山下公子編（2001）『ドイツ女性の歩み』三修社
・佐野敦子（2023）『デジタル化時代のジェンダー平等：メルケルが拓いた未来の社会デザイン』春風社

[第13章]
・生田久美子編著（2011）『男女共学・別学を問い直す─新しい議論のステージへ─』東洋館出版社
・小山静子・石岡学編著（2021）『男女共学の成立　受容の多様性とジェンダー』六花出版
・橘木俊詔（2022）『津田梅子　明治の高学歴女子の生き方』平凡社（平凡社新書995）
・中野円佳（2024）『教育にひそむジェンダー──学校・家庭・メディアが「らしさ」を強いる』筑摩書房（ちくま新書1834）

[第14章]
・山下泰子・矢澤澄子監修、国際女性の地位協会編（2018）『男女平等はどこまで進んだか─女性差別撤廃条約から考える』岩波書店（岩波ジュニア新書874）
・ユネスコ編、浅井春夫・艮香織・田代美江子・福田和子・渡辺大輔訳（2020）『国際セクシュアリティ教育ガイダンス　科学的根拠に基づいたアプローチ』（改訂版）、明石書店
・ルース・B・ギンズバーグ著、岡本早織訳（2021）『ルース・B・ギンズバーグ名言集─新しい時、新しい日がやってくる』、創元社
・デイヴィッド・ロバーツ著、富原まさ江訳（2021）『サフラジェット　平等を求めてたたかった女性たち』合同出版

索 引

数字

3歳児神話 48, 49, 53
2024和洋キャリア調査 . 43, 44, 53

A

AI 98, 100, 102

D

DV 85, 93

M

M字カーブ 15, 16
M字型 53

S

SNS
　20, 23, 50, 92, 98, 102, 104, 105, 107

あ

愛着形成 47
アイデンティティ 30
アフターピル 103
アンコンシャス・バイアス 132
育児不安 47

イスラーム法
　......... 124, 126, 127, 128, 130
依存的恋愛観 88, 89
イラン・イスラーム革命 124
インターネット
　19, 85, 92, 98, 101, 102, 103, 104, 105, 107
ウェルビーイング 62, 64, 66
エリクソン 31
親手当・親時間 133, 134

か

介護 14, 17, 52
家族 30
家族政策 132, 133, 138
片働き世帯 16
学校教育 52
家父長制 73, 74, 75, 83
壁 5, 52, 55, 56
管理職 26, 52, 59, 60
虐待 47
キャリアアップ 2, 60, 61
キャリアデザイン 5, 14, 18
旧東ドイツ 133, 136
教育基本法 141, 142, 143
ギリガン 37

緊急避妊薬 103
ギンズバーグ 6
ケア労働 73, 74, 75, 76, 80
経口避妊薬 103
経済的選択 134
結婚 30
合計特殊出生率 42, 44
交際相手からの暴力 87
交差性 97
構造的暴力 95, 96
高齢化 7, 8, 9, 11, 12, 41
高齢化率 9
コース別雇用管理制度 101
国際セクシュアリティ教育
　................. 152, 159, 160, 161
固定的性別役割分担意識 132
子ども忌避 44, 45

さ

災害 108, 112
在宅勤務 101
産後うつ 41, 46, 47, 49, 53
ジェンダーアンバランス 28
ジェンダー格差 119
ジェンダー規範 50
ジェンダーギャップ 60
ジェンダーステレオタイプ 50
ジェンダー統計 19, 25, 27, 28
ジェンダーの再生産 60

ジェンダーの視点 ... 108, 109, 110
ジェンダーバイアス 75, 77, 78, 80
ジェンダーバランス 123
ジェンダー平等推進法 118
ジェンダー比率 27, 52
ジェンダー不平等 52, 96
時間政策 134
自尊心 96
出産時のパートナーの休暇 138
出生前検査 40
障害
　... 48, 49, 50, 53, 97, 113, 114
生涯学習
　....... 62, 63, 64, 66, 67, 71, 72
生涯未婚率 17
少子化 42, 44, 46, 134
情報 19, 20, 24, 27
初婚年齢 12, 14
女子教育 141, 144, 145, 147
女性開発政策 117
女性管理職 27
女性校長 59, 60
女性差別撤廃委員会 158
女性差別撤廃条約
　................. 152, 153, 157, 161
女性支援 108, 109
女性支援法 94
女性のキャリア 120
女性の視点 110, 112

女性の政治参加 121
女性のリーダーシップ 123
女性比率 28, 57, 60, 111, 112
女性割合 26, 111
新型コロナ 23, 24
シングルマザー 137
人権 56, 96
人工知能 98
ステレオタイプ 54
スマホ 58, 85
正規雇用 52, 56
成人教育 62, 63
性的グルーミング 107
性的マイノリティ 137, 138
性別役割分業 75, 76
性暴力 89
世界経済フォーラム 101

た

第1次ベビーブーム 41, 42
第2次ベビーブーム 41, 42
大正新教育運動
 .... 141, 146, 147, 148, 150
代理出産 138
男女隔離政策
 .... 124, 127, 128, 129, 130
男女共学
 141, 142, 143, 145, 147, 148,
 149, 150

男女共学論 146
男女共同参画
 25, 26, 110, 141, 145, 150,
 151, 152, 161
男女共同参画局 25, 26
男女共同参画社会基本法 ... 26, 153
男女雇用機会均等法 101, 153
男女平等
 . 141, 145, 150, 151, 152, 161
男女平等国家委員会 118
男性同性愛 138
地域活動 108, 113
父親の育休 135
長寿 7
デートDV 85, 88, 92
デジタル 98, 99, 104, 107
デジタル化
 .... 98, 99, 100, 101, 106
デジタルタトゥー 105
統一後 134
統計 24, 25, 41
同性愛者 138
同性婚 138
共働き世帯 16

な

人間関係の悩み 54
ネット中毒 106
年金 137

年収の壁 52, 55

は

パートタイム 134
パートナーシップボーナス 136
配偶者からの暴力 87
配偶者間の暴力 85, 86
売春防止法 94, 97
派遣労働 52, 56, 57, 58
母親の葛藤 47, 53, 54
母の名誉 118
パブリック・コメント 103
ハラスメント 54, 58
非婚化 34
非正規雇用 52, 56
避難所 109
ピル 103
フィルターバブル 106
復興 108
不同意性交 85, 89, 90, 91, 92
不妊治療 40
文化的暴力 95
平均寿命 7, 8, 13
平和 152, 161
包括的性教育 . 152, 159, 160, 161
ボウルビィ 48
保護更生 94
母性剥奪 48

ま

マイノリティ 97
メディア ... 19, 20, 23, 24, 26, 27
メルケル 132
モンゴル国 116

ら

ライフ・キャリア 3
ライフイベント 3, 8, 49, 52
ライフサイクル 12, 13, 47
卵子提供 138
リーダーシップ 60, 112
リカレント教育
 .... 62, 63, 68, 70, 71
離職 17
リスキリング 62, 67, 71
リベンジポルノ 104
良妻賢母
 47, 48, 49, 53, 141, 143, 144,
 145, 146
両立支援策 133
労働力率 15, 16

わ

ワーク・ライフ・ケア・バランス
 .... 73, 77, 80, 84
ワーク・ライフ・バランス 96
ワンオペ 47, 61

おわりに

　ひととおり、授業を受け、この本を読んだあなたは、いまどういう気持ちだろうか。この本を手に取って読む前と、読んだ後では、あなたのキャリアに対する考えは変わったのではないだろうか。また、漠然とこれからの長い人生をどう生きようかと考えていた人たちにとっては、人生の節目節目での危機をどう乗り越えたり、うまくかわしたりするかについてもヒントを得てくださったのではないだろうか。

　みなさんの人生はとても長い。これからみなさんは、専門の学習を修め、自分の好きなこと、自分が好きな仕事を見つけ、夢に向かって努力を続けてほしい。今は結婚に対して関心が薄い人、子どもをもちたくないと考えている人たちもいるだろう。みなさんがどのようなキャリアデザインを描こうとも、そのデザインはあなたたちの自由意思にゆだねられている。でも迷ったらこの本に書いてあることを時々思い出してほしい。受講仲間とディスカッションして、新たな意見に触れたことも、悩んだときにきっと役立つはずだ。

　この本では、みなさんが歩む人生を少し先取りしながら、そして日本だけではなく、ほかの国々の女性の在り方をも知ることで、自分をみつめ、自分ならではのキャリアデザインを描くことができるように工夫をした。これからの人生、楽しいことばかりではない。みなさんには少々耳の痛いことや厳しいことも伝えたかもしれない。しかし、未知のことを知り、さまざまな備えをして、これからの長い人生を力強く歩んでほしい。

　いまだに日本はジェンダー平等から遠いところに位置している。でも、この本を通してみてきたように、世界の各地で、また日本においても、女性たちは手を携え、社会を動かしてきた。このことを胸に刻み、力強く人生を歩んでほしいと執筆者一同、心から願う。

　末筆ながら出版に際してはムイスリ出版の橋本有朋さんに最後までお世話になった。心よりお礼申し上げる。

2025 年 1 月

執筆者を代表して　田口久美子

監修者略歴

田口 久美子（たぐち くみこ）

お茶の水女子大学大学院人文科学研究科修士課程（教育学専攻）修了。専門は発達心理学、教育心理学、ジェンダー論。愛知県立大学助教授、長崎外国語大学教授、和洋女子大学教授を経て、現在和洋女子大学ジェンダー・ダイバーシティ研究所代表。共著に『女性の生きづらさとジェンダー――片隅の言葉と向き合う心理学』（有斐閣）

担当：はじめに、第1章、第2章、第3章、第5章、第6章、第9章、第11章、おわりに

編者略歴

奈良 玲子（なら れいこ）

和洋女子大学全学教育センター准教授。国立テヘラン大学大学院社会学部社会学科後期修了。博士（社会学）。専門は地域研究（イラン）、ジェンダーと教育。主な業績に "The Contemporary Landscape of Women's Higher Education Attainment and Social Status in Shii Iran"（『日本国際情報研究』2023年）

担当：第8章、第12章第2節（12.2）、第15章第1節（15.1）、同第3節（15.3）

福原 充（ふくはら みつる）

立教大学大学院文学研究科教育学専攻博士課程前期課程修了（教育学）。専門は日本近代教育史、シティズンシップ教育、初年次教育。目黒区児童館指導員、立教大学立教サービスラーニングセンター教育研究コーディネーターを経て、現在和洋女子大学全学教育センター助手、立教大学兼任講師

担当：第7章、第13章、第14章

著者略歴

沼田 あや子（ぬまた あやこ）
立命館大学大学院教職研究科（教職大学院）教授。博士（教育学）。専門は、臨床教育学、発達臨床心理学、ジェンダー論。共著に『女性の生きづらさとジェンダー―片隅の言葉と向き合う心理学』（有斐閣）、『「家族の流儀」を大切にする支援：自閉スペクトラム症のある子どもの家族支援・再考』（金子書房）
担当：第4章

横山美和（よこやま みわ）
お茶の水女子大学大学院人間文化研究科ジェンダー学際研究専攻博士後期課程修了。博士（学術）。専門はジェンダー論、科学史、科学技術社会論。現在、都留文科大学教養学部比較文化学科准教授。最近の論文に、「AIがもたらす労働への影響と高等教育の今後」（日英教育学会『日英教育誌』第7号、93-109、2024）
担当：第10章

GALSANJIGMED ENKHZUL（ガルサンジグメド エンフゾル）
大阪大学大学院経済学研究科修士課程修了（経営学）、大阪府立大学大学院人間社会システム科学研究科博士課程修了（人間科学）。博士（人間科学）。専門は人的資源管理論、ジェンダー論、キャリア論。大阪大学国際公共政策研究科特任研究員、京都大学研究員を経て、現在、北海道武蔵女子大学経営学部助教。共著論文に"Challenges Women Experience in Leadership Careers: An Integrative Review" *Merits* 3(2), 366-389, 2023
担当：第12章第1節（12.1）

佐野敦子（さの あつこ）
博士（社会デザイン学）。立教大学大学院修了後、国立女性教育会館専門職員、東京大学大学院情報学環特任研究員等を経て、現在静岡大学 DE&I 推進室講師。著書に『デジタル化時代のジェンダー平等――メルケルが拓いた未来の社会デザイン』（春風社）。2018年国連女性の地位委員会（CSW62）日本代表団メンバー
担当：第12章第3節（12.3）

野澤和世（のざわ　かずよ）
早稲田大学大学院人間科学研究科修士課程修了。現職は和洋女子大学学生支援部進路支援センター事務局室長。千葉県大学就職指導会副会長。大学職業指導研究会にて役員としてダイバーシティをテーマに研究。グローバル人材のキャリア教育に携わる。共著に「外国人留学生のための日本就職オールガイド」（凡人社）
担当：第15章第2節（15.2）

2025年4月12日　　　　　　　　　　　　　初版　第1刷発行

女性のためのキャリアデザイン
―学びあい、ともにつくる社会の構築に向けて―

監修者　田口　久美子　©2025
編　者　奈良玲子／福原　充
著　者　沼田あや子／横山美和／ガルサンジグメド　エンフゾル／
　　　　佐野敦子／野澤和世
発行者　橋本豪夫
発行所　ムイスリ出版株式会社

〒169-0075
東京都新宿区高田馬場 4-2-9
Tel.03-3362-9241(代表)　Fax.03-3362-9145
振替 00110-2-102907

カット：山手澄香　　　　　　　　　ISBN978-4-89641-336-6　C3037